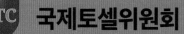
ITC 국제토셀위원회

TOSEL®
실전문제집

STARTER

최신 기출 경향반영 실전모의고사 수록
국제토셀위원회 공식교재

CONTENTS

정답 및 해설 별책

About this book

1 **Actual Test**

토셀 최신 유형을 반영하여
실전 모의고사를 5회 실었습니다.
수험자들의 토셀 시험 대비 및
적응력 향상에 도움이 됩니다.

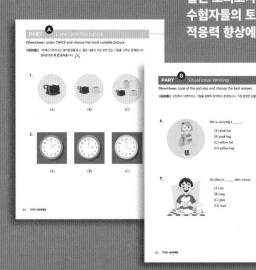

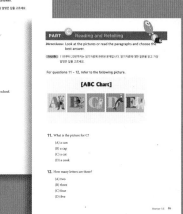

2 **Appendix**

필수 어휘를 포함해 모의고사
빈출 어휘 목록을 수록했습니다.
평소 어휘 정리뿐만 아니라
시험 직전 대비용으로 활용 가능합니다.

3 **Answer**

자세한 해설과 문제 풀이로
오답 확인 및 시험 대비를 위한 정리가 가능합니다.

TOSEL® Level Chart TOSEL 단계표

COCOON
아이들이 접할 수 있는 공식 인증 시험의 첫 단계로써, 아이들의 부담을 줄이고
즐겁게 흥미를 유발할 수 있도록 컬러풀한 색상과 디자인으로 시험지를 구성하였습니다.

Pre-STARTER
친숙한 주제에 대한 단어, 짧은 대화, 짧은 문장을 사용한 기본적인 문장표현 능력을 측정합니다.

STARTER
흔히 접할 수 있는 주제와 상황과 관련된 주제에 대한 짧은 대화 및 짧은 문장을 이해하고
일상생활 대화에 참여하며 실질적인 영어 기초 의사소통 능력을 측정합니다.

BASIC
개인 정보와 일상 활동, 미래 계획, 과거의 경험에 대해 구어와 문어의 형태로 의사소통을
할 수 있는 능력을 측정합니다.

JUNIOR
일반적인 주제와 상황을 다루는 회화와 짧은 단락, 실용문, 짧은 연설 등을 이해하고 간단한
일상 대화에 참여하는 능력을 측정합니다.

HIGH JUNIOR
넓은 범위의 사회적, 학문적 주제에서 영어를 유창하고 정확하게, 효과적으로 사용할 수 있는
능력 및 중문과 복잡한 문장을 포함한 다양한 문장구조의 사용 능력을 측정합니다.

ADVANCED
대학 및 대학원에서 요구되는 영어능력과 취업 또는 직업근무환경에 필요한 실용영어능력을
측정합니다.

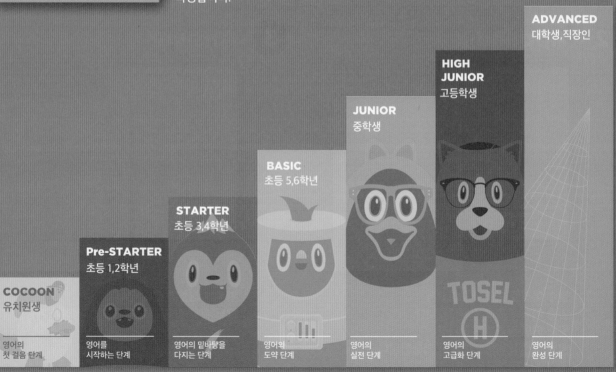

COCOON 유치원생 — 영어의 첫 걸음 단계

Pre-STARTER 초등 1,2학년 — 영어를 시작하는 단계

STARTER 초등 3,4학년 — 영어의 밑바탕을 다지는 단계

BASIC 초등 5,6학년 — 영어의 도약 단계

JUNIOR 중학생 — 영어의 실전 단계

HIGH JUNIOR 고등학생 — 영어의 고급화 단계

ADVANCED 대학생,직장인 — 영어의 완성 단계

About TOSEL®   **TOSEL에 대하여**

TOSEL은 각급 학교 교과과정과 연령별 인지단계를 고려하여 단계별 난이도와 문항으로
영어 숙달 정도를 측정하는 영어 사용자 중심의 맞춤식 영어능력인증 시험제도입니다.
평가유형에 따른 개인별 장점과 단점을 파악하고, 개인별 영어학습 방향을 제시하는 성적분석자료를 제공하여
영어능력 종합검진 서비스를 제공함으로써 영어 사용자인 소비자와
영어능력 평가를 토대로 영어교육을 담당하는 교사 및 기관 인사관리자인 공급자를
모두 만족시키는 영어능력인증 평가입니다.

TOSEL은 인지적-학문적 언어 사용의 유창성 (Cognitive-Academic Language Proficiency, CALP)과
기본적-개인적 의사소통능력 (Basic Interpersonal Communication Skill, BICS)을
엄밀히 구분하여 수험자의 언어능력을 가장 친밀하게 평가하는 시험입니다.

대상	목적	용도
유아, 초, 중, 고등학생, 대학생 및 직장인 등 성인	한국인의 영어구사능력 증진과 비영어권 국가의 영어 사용자의 영어구사능력 증진	실질적인 영어구사능력 평가 + 입학전형 및 인재선발 등에 활용 및 직무역량별 인재 배치

연혁

2002.02	국제토셀위원회 창설 (수능출제위원역임 전국대학 영어전공교수진 중심)
2004.09	TOSEL 고려대학교 국제어학원 공동인증시험 실시
2006.04	EBS 한국교육방송공사 주관기관 참여
2006.05	민족사관고등학교 입학전형에 반영
2008.12	고려대학교 편입학시험 TOSEL 유형으로 대체
2009.01	서울시 공무원 근무평정에 TOSEL 점수 가산점 부여
2009.01	전국 대부분 외고, 자사고 입학전형에 TOSEL 반영 (한영외국어고등학교, 한일고등학교, 고양외국어고등학교, 과천외국어고등학교, 김포외국어고등학교, 명지외국어고등학교, 부산국제외국어고등학교, 부일외국어 고등학교, 성남외국어고등학교, 인천외국어고등학교, 전북외국어고등학교, 대전외국어고등학교, 청주외국어고등학교, 강원외국어고등학교, 전남외국어고등학교)
2009.12	청심국제중·고등학교 입학전형 TOSEL 반영
2009.12	한국외국어교육학회, 팬코리아영어교육학회, 한국음성학회, 한국응용언어학회 TOSEL 인증
2010.03	고려대학교, TOSEL 출제기관 및 공동 인증기관으로 참여
2010.07	경찰청 공무원 임용 TOSEL 성적 가산점 부여
2014.04	전국 200개 초등학교 단체 응시 실시
2017.03	중앙일보 주관기관 참여
2018.11	관공서, 대기업 등 100여 개 기관에서 TOSEL 반영
2019.06	미얀마 TOSEL 도입 발족식 베트남 TOSEL 도입 협약식
2019.11	고려대학교 편입학전형 반영
2020.06	국토교통부 국가자격시험 TOSEL 반영
2021.07	소방청 간부후보생 선발시험 TOSEL 반영
2021.11	고려대학교 공과대학 기계학습·빅데이터 연구원 AI 연구 협약
2022.05	AI 영어학습 플랫폼 TOSEL Lab 공개
2023.11	고려대학교 경영대학 전국 고등학생 대상 정기캠퍼스 투어 프로그램 후원기관 참여
2024.01	제1회 TOSEL VOCA 올림피아드 실시
2024.03	고려대학교 미래교육원 TOSEL 전문가과정 개설

Evaluation ——————— 평가

평가의 기본원칙

TOSEL은 PBT(PAPER BASED TEST)를 통하여 간접평가와 직접평가를 모두 시행합니다.

TOSEL은 언어의 네 가지 요소인 읽기, 듣기, 말하기, 쓰기 영역을 모두 평가합니다.

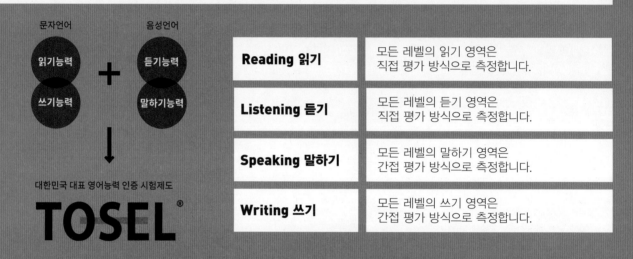

문자언어 / 음성언어

읽기능력 + 듣기능력
쓰기능력 + 말하기능력

↓

대한민국 대표 영어능력 인증 시험제도

TOSEL®

Reading 읽기	모든 레벨의 읽기 영역은 직접 평가 방식으로 측정합니다.
Listening 듣기	모든 레벨의 듣기 영역은 직접 평가 방식으로 측정합니다.
Speaking 말하기	모든 레벨의 말하기 영역은 간접 평가 방식으로 측정합니다.
Writing 쓰기	모든 레벨의 쓰기 영역은 간접 평가 방식으로 측정합니다.

TOSEL은 연령별 인지단계를 고려하여 **아래와 같이 7단계로 나누어 평가합니다.**

1 단계	TOSEL® COCOON	5~7세의 미취학 아동
2 단계	TOSEL® Pre-STARTER	초등학교 1~2학년
3 단계	TOSEL® STARTER	초등학교 3~4학년
4 단계	TOSEL® BASIC	초등학교 5~6학년
5 단계	TOSEL® JUNIOR	중학생
6 단계	TOSEL® HIGH JUNIOR	고등학생
7 단계	TOSEL® ADVANCED	대학생 및 성인

Grade Report ——————— 성적표 및 인증서

고도화 성적표: 응시자 개인별 최적화 AI 정밀진단

20여년간 축적된 약 100만명 이상의 엄선된 응시자 빅데이터를 TOSEL AI로 분석 · 진단한 개인별 성적자료

전국 단위 연령, 레벨 통계자료를 활용하여 보다 정밀한 성취 수준 판별
파트별 강/약점, 영역별 역량, 8가지 지능, 단어 수준 등을 비교 및 분석하여 폭넓은 학습 진단
오답 문항 유형별 심층 분석 자료 및 솔루션으로 학습 방향 제시, TOSEL과 수능 및 교과학습 성취기준과의 연계
모바일 기기 지원 - UX/UI 개선, 반응형 웹페이지로 구현되어 태블릿, 휴대폰, PC 등 다양한 기기 환경에서 접근 가능

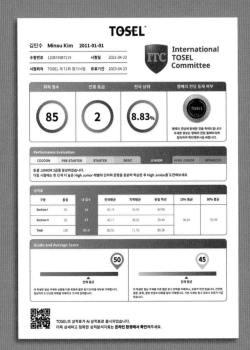

기본 제공 성적표

고도화 성적표 (일부 유료)

단체 성적 분석 자료

단체 및 기관 대상

- 레벨별 평균성적추이, 학생분포
  섹션 및 영역별 평균 점수, 표준편차

TOSEL Lab 지정교육기관 대상 추가 제공

- 원생 별 취약영역 분석 및 보강방안 제시
- TOSEL수험심리척도를 바탕으로 학생의 응답 특이성을
  파악하여 코칭 방안 제시
- 전국 및 지역 단위 종합적 비교분석
  (레벨/유형별 응시자 연령 및 규모, 최고득점 등)

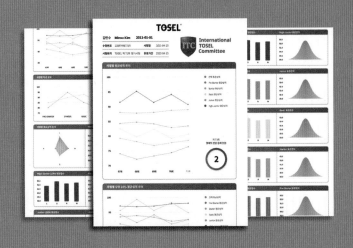

'토셀 명예의 전당' 등재

특별시, 광역시, 도 별 1등 선발
(7개시 9개도 **1등 선발**)

*홈페이지 로그인 - 시험결과 - 명예의 전당에서
해당자 등재 증명서 출력 가능

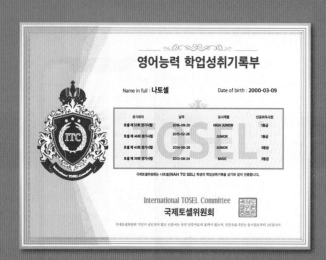

'학업성취기록부'에 토셀 인증등급 기재

개인별 **'학업성취기록부' 평생 발급**
진학과 취업을 대비한 **필수 스펙관리**

인증서

대한민국 초,중,고등학생의 영어숙달능력 평가 결과 공식인증

고려대학교 인증획득 (2010. 03)

한국외국어교육학회 인증획득 (2009. 12)

한국음성학회 인증획득 (2009. 12)

한국응용언어학회 인증획득 (2009. 11)

팬코리아영어교육학회 인증획득 (2009. 10)

Actual Test 1

Section I

Listening and Speaking

Part **A** *Listen and Recognize*
5 Questions

Part **B** *Listen and Respond*
5 Questions

Part **C** *Listen and Retell*
10 Questions

PART **A** Listen and Recognize

Directions: Listen *TWICE* and choose the most suitable picture.

지시사항 1번에서 5번까지는 영어문장을 듣고, 들은 내용과 가장 관련 있는 그림을 고르는 문제입니다. 영어문장은 **두 번** 들려줍니다. 🎧

1.

    (A)　　　　　　　　(B)　　　　　　　　(C)

2.

    (A)　　　　　　　　(B)　　　　　　　　(C)

3.

(A)

(B)

(C)

4.

(A)

(B)

(C)

5.

(A)

(B)

(C)

Directions: Listen *TWICE* and choose the best response.

지시사항 6번부터 10번까지는 영어 문장을 듣고, 들은 말에 대한 가장 알맞은 대답을 고르는 문제입니다.

영어질문과 보기는 **두 번** 들려주며 (A), (B), (C) 중에서 하나를 고르세요.

6. Mark your answer on your answer sheet.

7. Mark your answer on your answer sheet.

8. Mark your answer on your answer sheet.

9. Mark your answer on your answer sheet.

10. Mark your answer on your answer sheet.

Directions: Listen *TWICE* and choose the best answer.

11. What does the girl like?

(A)   (B)   (C)

12. Where are the monkeys?

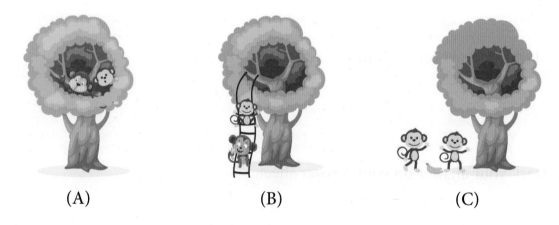

(A)   (B)   (C)

13. What color is the girl's bag?

(A)   (B)   (C)

14. Which is the boy's room?

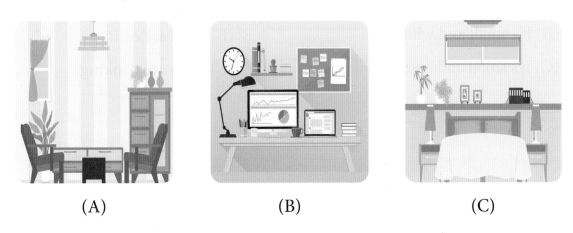

(A)   (B)   (C)

15. What sport can the girl do?

(A)   (B)   (C)

16. What day is it today?

(A) Sunday

(B) Saturday

(C) Thursday

19. What will Kevin bring?

(A) water

(B) a camera

(C) sandwiches

17. What is the dog like?

(A) It's yellow and white.

(B) It's small and white.

(C) It's small and cute.

20. What are they doing?

(A) They are shopping.

(B) They are eating.

(C) They are cooking.

18. Where does Ted get medicine?

(A) home

(B) school

(C) the hospital

Section II

Reading and Writing

Part **A** *Sentence Completion*
5 Questions

Part **B** *Situational Writing*
5 Questions

Part **C** *Reading and Retelling*
10 Questions

Directions: Read the sentences and choose the best one for each blank.

지시사항   1번에서 5번까지는 빈칸을 알맞게 채워 대화를 완성하는 문제입니다. 가장 알맞은 답을 고르세요.

1. I eat breakfast _____ seven o'clock.

    (A) in

    (B) on

    (C) at

    (D) with

4. My hair _____ short.

    (A) is

    (B) be

    (C) am

    (D) are

2. The giraffe _____ a long neck.

    (A) has

    (B) have

    (C) having

    (D) is have

5. _____ cold. Close the door.

    (A) I

    (B) I'm

    (C) I do

    (D) I have

3. _____ brother plays computer games.

    (A) I

    (B) My

    (C) Me

    (D) Mine

PART **B** Situational Writing

Directions: Look at the pictures and choose the best answer.

지시사항 6번부터 10번까지는 그림을 정확히 파악하는 문제입니다. 가장 알맞은 답을 고르세요.

6.

The girl is putting on her _____.

(A) skirt

(B) shoes

(C) books

(D) socks

7.

The girl is _____ with her friends.

(A) eating

(B) sleeping

(C) singing

(D) fighting

8.

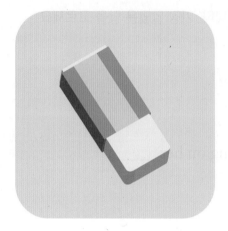

Can I borrow your _____?

(A) ruler

(B) eraser

(C) glue

(D) pencil

9.

He _____ a letter to his grandmother.

(A) draws

(B) writes

(C) paints

(D) reads

10.

My mom cleans the _____.

(A) kitchen

(B) bedroom

(C) bathroom

(D) living room

PART C   Reading and Retelling

Directions: Look at the pictures or read the paragraphs and choose the best answer.

지시사항 11번부터 20번까지는 읽기자료에 관련된 문제입니다. 읽기자료에 대한 질문을 읽고 가장 알맞은 답을 고르세요.

For questions 11 - 12, refer to the following menu.

Susie's Ice Cream

Strawberry	$4
Vanilla	$3
Chocolate	$4
Mint	$3

Add toppings for $0.50 each

Chocolate chip   Almond   Banana

11. What ice cream can you NOT buy?

(A) mango

(B) vanilla

(C) strawberry

(D) chocolate

12. How much is chocolate chip topping?

(A) free

(B) $0.50

(C) $1.00

(D) $1.50

For questions 13 - 14, refer to the following chart.

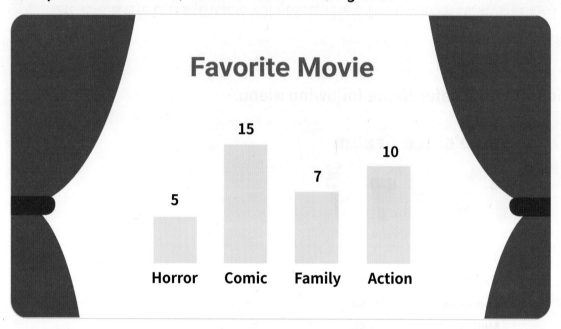

13. What is the most popular movie?

(A) horror

(B) comic

(C) family

(D) action

14. How many people like family movie?

(A) 5

(B) 7

(C) 10

(D) 15

For questions 15 – 16, refer to the following letters.

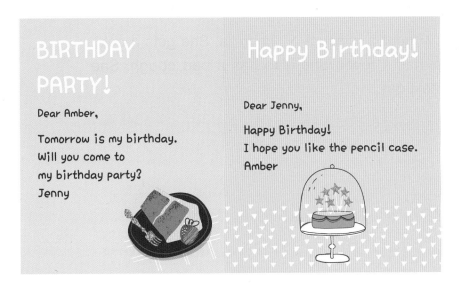

15. Whose birthday is it?

    (A) Jenny

    (B) Amber

    (C) Jenny's sister

    (D) Amber's sister

16. What is the birthday present?

    (A) a party

    (B) a pencil

    (C) a CD case

    (D) a pencil case

For questions 17 – 18, refer to the following passage.

Sophia walks in the rain without a raincoat or umbrella. She gets a cold. Her head hurts, and she has a fever. She also has a bad cough. She doesn't go to school the next day.

17. What is the weather like?

(A) rainy

(B) sunny

(C) snowy

(D) very hot

18. How is Sophia?

(A) sick

(B) happy

(C) healthy

(D) very well

For questions 19 – 20, refer to the following passage.

It is Sunday today. Tony likes Sunday the most. He goes to the soccer field with his dad. They play soccer for one hour. Then, they sit on a bench and have lunch.

19. How long do they play soccer?

(A) 30 minutes

(B) 1 hour

(C) 1 hour and 30 minutes

(D) 2 hours

20. Where do they eat lunch?

(A) at school

(B) on a bench

(C) at a restaurant

(D) on a soccer field

Actual Test 2

Section I

Listening and Speaking

음원 QR 코드

Part **A** *Listen and Recognize*
5 Questions

Part **B** *Listen and Respond*
5 Questions

Part **C** *Listen and Retell*
10 Questions

Directions: Listen *TWICE* and choose the most suitable picture.

지시사항 1번에서 5번까지는 영어문장을 듣고, 들은 내용과 가장 관련 있는 그림을 고르는 문제입니다. 영어문장은 **두 번** 들려줍니다.

1.

(A)　　　　　　　　(B)　　　　　　　　(C)

2.

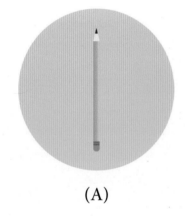

(A)　　　　　　　　(B)　　　　　　　　(C)

3.

(A)   (B)   (C)

4.

   (B)

(A)   (B)   (C)

5.

      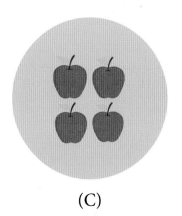

(A)   (B)   (C)

Directions: Listen *TWICE* and choose the best response.

지시사항 6번부터 10번까지는 영어 문장을 듣고, 들은 말에 대한 가장 알맞은 대답을 고르는 문제입니다. 영어질문과 보기는 **두 번** 들려주며 (A), (B), (C) 중에서 하나를 고르세요. **B**

6. Mark your answer on your answer sheet.

7. Mark your answer on your answer sheet.

8. Mark your answer on your answer sheet.

9. Mark your answer on your answer sheet.

10. Mark your answer on your answer sheet.

PART C — Listen and Retell

Directions: Listen *TWICE* and choose the best answer.

지시사항 11번부터 20번까지는 짧은 대화나 이야기를 **두 번** 듣고, 주어진 질문에 가장 알맞은 답을 고르는 문제입니다.

11. What is the weather like?

(A)

(B)

(C)

12. Where is the boy's grandfather?

(A)

(B)

(C)

13. What does the girl do during her winter vacation?

(A) (B) (C)

14. What is the boy's favorite fruit?

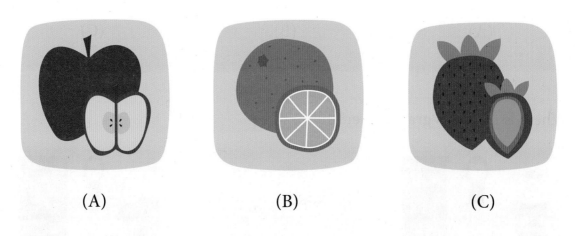

(A) (B) (C)

15. Where is the girl's hat?

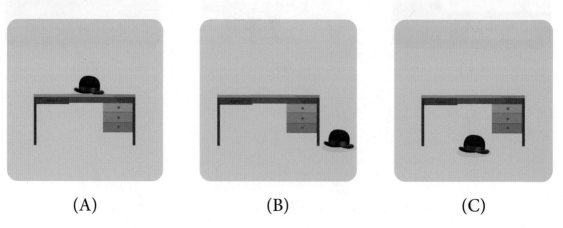

(A) (B) (C)

16. What can the boy see at night?

   (A) the sun and the clouds

   (B) the birds and the planes

   (C) the stars and the moon

17. When does the girl go to her swimming lesson?

   (A) on Wednesdays

   (B) on Thursdays

   (C) on Fridays

18. What color is the girl's raincoat?

   (A) pink

   (B) green

   (C) yellow

19. How many erasers do they have all together?

   (A) two

   (B) four

   (C) six

20. How does the girl get to her grandma's house?

   (A) by bus

   (B) on foot

   (C) by subway

Section II

Reading and Writing

Part Ⓐ *Sentence Completion*
5 Questions

Part Ⓑ *Situational Writing*
5 Questions

Part Ⓒ *Reading and Retelling*
10 Questions

Directions: Read the sentences and choose the best one for each blank.

지시사항 1번에서 5번까지는 빈칸을 알맞게 채워 대화를 완성하는 문제입니다. 가장 알맞은 답을 고르세요.

1. Susan _____ a blue pen.

  (A) is
  (B) has
  (C) does
  (D) have

2. The boy _____ a soccer player.

  (A) be
  (B) is
  (C) are
  (D) have

3. Joe is kind, _____?

  (A) he isn't
  (B) isn't he
  (C) are they
  (D) aren't they

4. _____ half past three.

  (A) I'm
  (B) It's
  (C) He's
  (D) You're

5. Jack is _____ the dishes.

  (A) do
  (B) does
  (C) doing
  (D) have

Directions: Look at the pictures and choose the best answer.

지시사항 6번부터 10번까지는 그림을 정확히 파악하는 문제입니다. 가장 알맞은 답을 고르세요.

6.

She is carrying a _____.

(A) pink hat

(B) pink bag

(C) yellow hat

(D) yellow bag

7.

He likes to _____ after school.

(A) eat

(B) sing

(C) play

(D) read

8.

We eat in the _____.

    (A) kitchen

    (B) bedroom

    (C) bathroom

    (D) living room

9.

_____ are eating grass.

    (A) A cow

    (B) A sheep

    (C) Three cows

    (D) Three sheep

10.

The girl is wearing _____.

    (A) a hat

    (B) boots

    (C) a bear

    (D) glasses

Directions: Look at the pictures or read the paragraphs and choose the best answer.

For questions 11 - 12, refer to the following information.

How to Make Hot Cocoa

1. Pour hot water into a cup.

2. Put in cocoa powder.

3. Add sugar if you want.

4. Stir it and enjoy!

11. What do you need to make hot cocoa?

(A) salt

(B) sugar

(C) cinnamon

(D) chocolate

12. What is the second step?

(A) add sugar

(B) stir and enjoy

(C) pour hot water

(D) put in cocoa powder

For questions 13 - 14, refer to the following information.

West City Zoo Bus Tour

You can see tigers, lions, and bears.

Tour will take 30 minutes.

* Bus leaves at 1:00 PM *

* Feeding is not allowed.

13. Which animal can you NOT see?

(A) bears

(B) lions

(C) tigers

(D) giraffes

14. What time does the tour end?

(A) 12:00 PM

(B) 12:30 PM

(C) 1:00 PM

(D) 1:30 PM

For questions 15 – 16, refer to the following schedule.

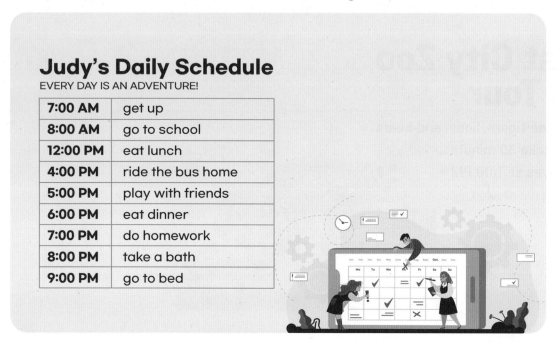

Judy's Daily Schedule
EVERY DAY IS AN ADVENTURE!

7:00 AM	get up
8:00 AM	go to school
12:00 PM	eat lunch
4:00 PM	ride the bus home
5:00 PM	play with friends
6:00 PM	eat dinner
7:00 PM	do homework
8:00 PM	take a bath
9:00 PM	go to bed

15. When does Judy go to school?

(A) 7:00 AM

(B) 8:00 AM

(C) 12:00 PM

(D) 4:00 PM

16. What does Judy do at 7 PM?

(A) go to bed

(B) eat dinner

(C) do homework

(D) play with friends

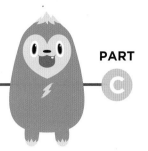

For questions 17 – 18, refer to the following passage.

I am Sarah. It is Saturday. Today is my birthday. I invite my friends and have a birthday party. Many friends come. We eat hamburgers, chicken, and cake. My friends give me a lot of presents. I am very happy.

17. When is Sarah's birthday?

(A) Saturday

(B) Sunday

(C) next week

(D) next month

18. What do Sarah and her friends NOT eat at the party?

(A) cake

(B) pizza

(C) chicken

(D) hamburgers

For questions 19 – 20, refer to the following passage.

> Sue gets a lot of candy for Halloween. She eats all of it that night, but she does not brush her teeth. The next day, she has a toothache. She has to go to the dentist. She is scared.

19. What does Sue eat?

(A) cake

(B) pizza

(C) candy

(D) ice cream

20. What should Sue do?

(A) eat more candy

(B) play with friends

(C) buy some candy

(D) go to the dentist

Actual Test 3

Section I

음원 QR 코드

Listening and Speaking

Part **A** *Listen and Recognize*

5 Questions

Part **B** *Listen and Respond*

5 Questions

Part **C** *Listen and Retell*

10 Questions

Directions: Listen *TWICE* and choose the most suitable picture.

지시사항   1번에서 5번까지는 영어문장을 듣고, 들은 내용과 가장 관련 있는 그림을 고르는 문제입니다.
영어문장은 **두 번** 들려줍니다.

1.

(A)   (B)   (C)

2.

      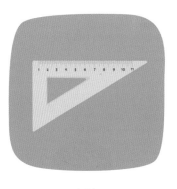

(A)   (B)   (C)

3.

(A)   (B)   (C)

4.

(A)   (B)   (C)

5.

(A)   (B)   (C)

Directions: Listen *TWICE* and choose the best response.

지시사항 6번부터 10번까지는 영어 문장을 듣고, 들은 말에 대한 가장 알맞은 대답을 고르는 문제입니다.
영어질문과 보기는 **두 번** 들려주며 (A), (B), (C) 중에서 하나를 고르세요.

6. Mark your answer on your answer sheet.

7. Mark your answer on your answer sheet.

8. Mark your answer on your answer sheet.

9. Mark your answer on your answer sheet.

10. Mark your answer on your answer sheet.

Directions: Listen *TWICE* and choose the best answer.

지시사항   11번부터 20번까지는 짧은 대화나 이야기를 **두 번** 듣고, 주어진 질문에 가장 알맞은 답을 고르는 문제입니다. 🎧

11. What is Judy doing?

(A)   (B)   (C)

12. What will the boy get?

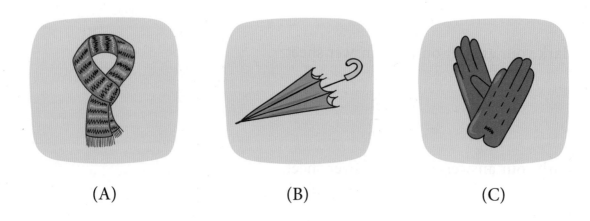

(A)   (B)   (C)

13. What will the boy eat?

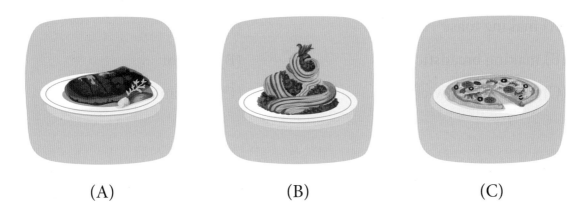

(A) (B) (C)

14. When is the boy's birthday?

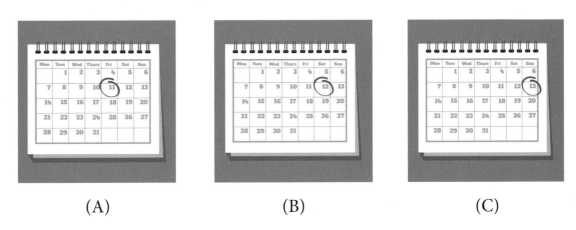

(A) (B) (C)

15. Who is Amy?

(A) (B) (C)

16. What is the bread for?

(A) making toast

(B) making breadsticks

(C) making sandwiches

19. How do they go to the countryside?

(A) by car

(B) on foot

(C) by plane

17. When does the girl play baseball?

(A) everyday

(B) after school

(C) every Sunday

20. What does the girl want to be?

(A) a singer

(B) a pianist

(C) a violinist

18. What is Claire's favorite subject?

(A) art

(B) math

(C) science

Section II

Reading and Writing

Part **A** *Sentence Completion*
5 Questions

Part **B** *Situational Writing*
5 Questions

Part **C** *Reading and Retelling*
10 Questions

Directions: Read the sentences and choose the best one for each blank.

지시사항 1번에서 5번까지는 빈칸을 알맞게 채워 대화를 완성하는 문제입니다. 가장 알맞은 답을 고르세요.

1. _____ are eating hamburgers.

(A) I

(B) It

(C) She

(D) They

2. I hear with _____ ears.

(A) I

(B) my

(C) me

(D) mine

3. Susan goes to bed _____ 9 o'clock.

(A) in

(B) at

(C) on

(D) between

4. The basketball game _____ exciting.

(A) be

(B) is

(C) are

(D) have

5. _____ many pencils do you have?

(A) How

(B) Why

(C) When

(D) Where

Directions: Look at the pictures and choose the best answer.

지시사항 6번부터 10번까지는 그림을 정확히 파악하는 문제입니다. 가장 알맞은 답을 고르세요.

6.

My favorite _____ is pink.

(A) hat

(B) dress

(C) belt

(D) shirt

7.

She is _____.

(A) reading a book

(B) painting a picture

(C) watching a movie

(D) meeting her friend

8.

There are _____ on the table.

(A) a fork and a knife

(B) a fork and a spoon

(C) a knife and a spoon

(D) a fork and chopsticks

9.

This is _____.

(A) a circle

(B) a square

(C) a triangle

(D) a rectangle

10.

They're _____.

(A) trees

(B) fruits

(C) flowers

(D) vegetables

Directions: Look at the pictures or read the paragraphs and choose the best answer.

지시사항 11번부터 20번까지는 읽기자료와 관련된 문제입니다. 읽기자료에 대한 질문을 읽고 가장 알맞은 답을 고르세요.

For questions 11 - 12, refer to the following notice.

Safety Rules

1. Warm up before going into the water.
2. Do not run.
3. Wear goggles and a hat.
4. Take a break every 30 minutes.

11. Where most likely can you see this notice?

(A) in a classroom

(B) in a clothing store

(C) in a movie theater

(D) in a swimming pool

12. What do you need to do before going into the water?

(A) run

(B) warm up

(C) wear shoes

(D) take a break

For questions 13 – 14, refer to the following schedule.

Vivian's Schedule

MAY

Sun	Mon	Tue	Wed	Thu	Fri	Sat
4	5 Children's Day (no class)	6	7 Buy parents' gift	8 Parents' gift	9	10 Jenny's Birthday
11 Visit cousins	12 Buddha's Birthday (no class)	13	14 Write a letter to teacher	15 Teacher's Day	16	17

13. When does Vivian NOT go to school?

(A) on the 5th

(B) on the 7th

(C) on the 8th

(D) on the 14th

14. What is Vivian going to do on May 14th?

(A) visit her cousins

(B) buy her parents gifts

(C) go to a birthday party

(D) write a letter to her teacher

For questions 15 - 16, refer to the following menu.

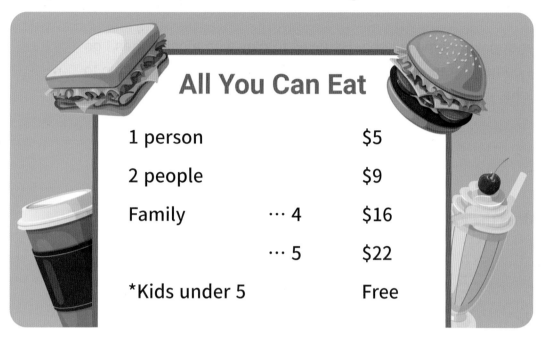

All You Can Eat

1 person		$5
2 people		$9
Family	··· 4	$16
	··· 5	$22
*Kids under 5		Free

15. How much is it for 2 people?

(A) $5

(B) $9

(C) $16

(D) $22

16. Who eats for free?

(A) family of 4

(B) family of 5

(C) kids under 4

(D) kids under 5

For questions 17 – 18, refer to the following passage.

I have a pet dog. His name is Loha. He loves to play with a ball. When I go outside, he comes out too and chase the ball. He is a fast runner. It's fun to play with Loha.

17. What pet does the writer have?

(A) a cat

(B) a dog

(C) a turtle

(D) a rabbit

18. What does Loha do with the ball?

(A) eat it

(B) kick it

(C) chase it

(D) throw it

For questions 19 – 20, refer to the following passage.

I go shopping with my mom and brother Jack. I get a yellow shirt. Jack buys a pair of jeans. Mom wants a brown jacket, but it is too expensive. So she buys nothing.

19. What are they doing?

    (A) eating food

    (B) going fishing

    (C) playing tennis

    (D) buying clothes

20. Who does NOT get new clothes?

    (A) the writer

    (B) Mom

    (C) Jack

    (D) everyone gets new clothes

Actual Test 4

Section I

Listening and Speaking

Part **A** *Listen and Recognize*

5 Questions

Part **B** *Listen and Respond*

5 Questions

Part **C** *Listen and Retell*

10 Questions

Directions: Listen *TWICE* and choose the most suitable picture.

1.

(A) (B) (C)

2.

(A) (B) (C)

3.

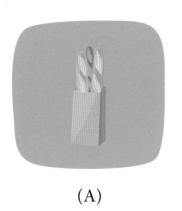
(A)

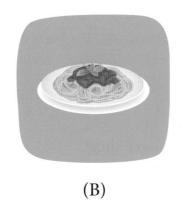
(B)

(C)

4.

(A)

(B)

(C)

5.

(A)

(B)

(C)

Directions: Listen *TWICE* and choose the best response.

지시사항 6번부터 10번까지는 영어 문장을 듣고, 들은 말에 대한 가장 알맞은 대답을 고르는 문제입니다. 영어질문과 보기는 **두 번** 들려주며 (A), (B), (C) 중에서 하나를 고르세요. 🎧

6. Mark your answer on your answer sheet.

7. Mark your answer on your answer sheet.

8. Mark your answer on your answer sheet.

9. Mark your answer on your answer sheet.

10. Mark your answer on your answer sheet.

PART C   Listen and Retell

Directions: Listen *TWICE* and choose the best answer.

지시사항   11번부터 20번까지는 짧은 대화나 이야기를 **두 번** 듣고, 주어진 질문에 가장 알맞은 답을 고르는 문제입니다.

11. What does the girl have to do?

(A)

(B)

(C)

12. Where is the boy?

(A)

(B)

(C)

13. What does the girl want to be?

(A) (B) (C)

14. Where will the boy go?

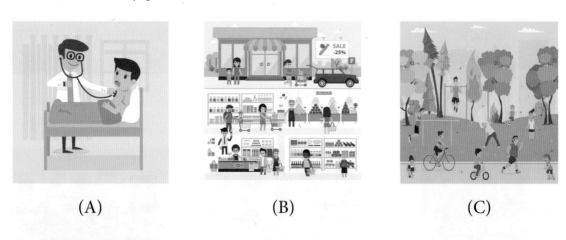

(A) (B) (C)

15. Who is the girl's father?

(A) (B) (C)

16. What kind of flower is NOT in the garden?

(A) tulips

(B) roses

(C) daisies

17. How old is Pinky?

(A) 2 years old

(B) 3 years old

(C) 4 years old

18. Who makes a delicious cake?

(A) the mother

(B) the grandmother

(C) the boy

19. What is NOT in the girl's bedroom?

(A) a bed

(B) a chair

(C) a toy box

20. What is true about Megan?

(A) Nobody likes Megan.

(B) Megan has black hair.

(C) Megan is very mean.

Section II

Reading and Writing

Part **Ⓐ** *Sentence Completion*

5 Questions

Part **Ⓑ** *Situational Writing*

5 Questions

Part **Ⓒ** *Reading and Retelling*

10 Questions

Directions: Read the sentences and choose the best one for each blank.

지시사항 1번에서 5번까지는 빈칸을 알맞게 채워 대화를 완성하는 문제입니다. 가장 알맞은 답을 고르세요.

1. Every morning I _____ jogging.

(A) go

(B) going

(C) goes

(D) to go

2. _____ time is it now?

(A) Who

(B) What

(C) When

(D) Where

3. _____ baby looks happy.

(A) They

(B) Them

(C) Their

(D) Theirs

4. _____ are in the classroom.

(A) I

(B) It

(C) She

(D) They

5. I buy flowers _____ you.

(A) to

(B) in

(C) at

(D) for

Directions: Look at the pictures and choose the best answer.

지시사항 6번부터 10번까지는 그림을 정확히 파악하는 문제입니다. 가장 알맞은 답을 고르세요.

6.

The girl wears _____ hairpins.

(A) one

(B) two

(C) three

(D) four

7.

He goes to school _____.

(A) by bus

(B) by taxi

(C) on foot

(D) by subway

8.

The boy can _____ the guitar.

(A) make

(B) play

(C) draw

(D) buy

9.

The students are in _____ class.

(A) art

(B) math

(C) English

(D) science

10.

The kids are looking at the_____.

(A) Sun

(B) tree

(C) stars

(D) clouds

Directions: Look at the pictures or read the paragraphs and choose the best answer.

For questions 11 - 12, refer to the following information.

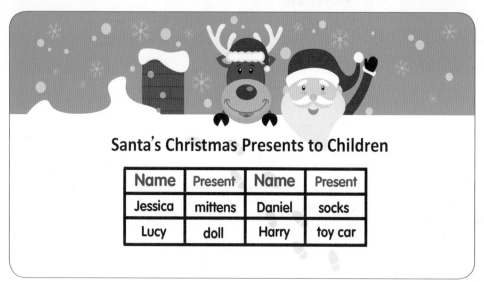

Santa's Christmas Presents to Children

Name	Present	Name	Present
Jessica	mittens	Daniel	socks
Lucy	doll	Harry	toy car

11. Who gets a doll?

(A) Jessica

(B) Lucy

(C) Daniel

(D) Harry

12. What does Jessica receive?

(A) mittens

(B) a doll

(C) socks

(D) a toy car

For questions 13 – 14, refer to the following information.

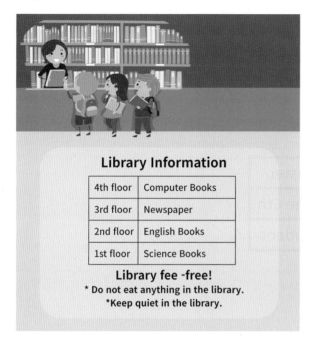

Library Information

4th floor	Computer Books
3rd floor	Newspaper
2nd floor	English Books
1st floor	Science Books

Library fee -free!
* Do not eat anything in the library.
*Keep quiet in the library.

13. Where are the computer books?

(A) 1st floor

(B) 2nd floor

(C) 3rd floor

(D) 4th floor

14. How much is the library fee?

(A) $0.00

(B) $1.00

(C) $2.00

(D) $3.00

For questions 15 – 16, refer to the following information.

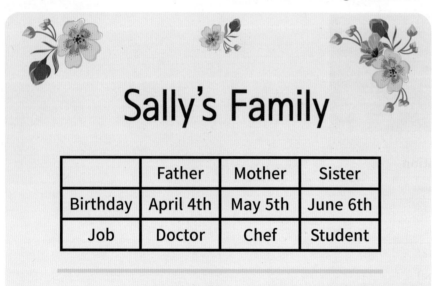

Sally's Family

	Father	Mother	Sister
Birthday	April 4th	May 5th	June 6th
Job	Doctor	Chef	Student

15. What does the mother do?

    (A) She's a doctor.

    (B) She's a teacher.

    (C) She's a cook.

    (D) She's a student.

16. When does Sally's sister have her birthday?

    (A) April 4th

    (B) May 5th

    (C) June 6th

    (D) July 7th

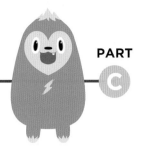

For questions 17 – 18, refer to the following passage.

> Sara goes to camp during winter vacation. The camp is from December 27th to December 30th. There are many programs for students. She takes a ski class, a cooking class, and a climbing class. Sara makes lots of new friends.

17. What is NOT in the camp program?

(A) ski class

(B) dance class

(C) cooking class

(D) climbing class

18. When does the camp start?

(A) December 7th

(B) December 17th

(C) December 27th

(D) December 30th

For questions 19 – 20, refer to the following passage.

Emma's family goes to the zoo. They see lions, bears, and giraffes. Emma likes the bears. She takes some pictures in front of a brown bear and a black bear. Emma and the two bears smile big for the camera.

19. What animals does Emma like?

(A) the lions

(B) the bears

(C) the tigers

(D) the giraffes

20. What does Emma do in front of the bears?

(A) draw some pictures

(B) eat some fruit

(C) take some pictures

(D) buy some ice cream

Actual Test 5

Section I

Listening and Speaking

음원 QR 코드

Part **A** *Listen and Recognize*
5 Questions

Part **B** *Listen and Respond*
5 Questions

Part **C** *Listen and Retell*
10 Questions

Directions: Listen *TWICE* and choose the most suitable picture.

지시사항 1번에서 5번까지는 영어문장을 듣고, 들은 내용과 가장 관련 있는 그림을 고르는 문제입니다. 영어문장은 **두 번** 들려줍니다.

1.

    (A)   (B)   (C)

2.

    (A)   (B)   (C)

3.

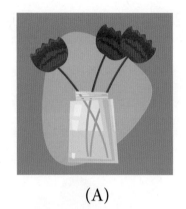 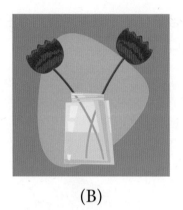 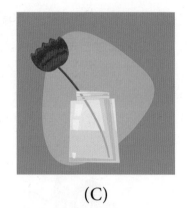

(A)   (B)   (C)

4.

(A)   (B)   (C)

5.

(A)   (B)   (C)

PART **B** Listen and Respond

Directions: Listen *TWICE* and choose the best response.

지시사항 6번부터 10번까지는 영어 문장을 듣고, 들은 말에 대한 가장 알맞은 대답을 고르는 문제입니다.
영어질문과 보기는 **두 번** 들려주며 (A), (B), (C) 중에서 하나를 고르세요.

6. Mark your answer on your answer sheet.

7. Mark your answer on your answer sheet.

8. Mark your answer on your answer sheet.

9. Mark your answer on your answer sheet.

10. Mark your answer on your answer sheet.

Directions: Listen *TWICE* and choose the best answer.

지시사항 11번부터 20번까지는 짧은 대화나 이야기를 **두 번** 듣고 주어진 질문에 가장 알맞은 답을 고르는 문제입니다. 🎧

11. What class does the girl like?

(A)   (B)   (C)

12. Who is the girl's father?

(A)   (B)   (C)

13. Where is the girl?

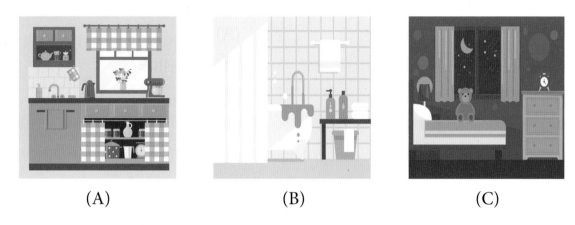

(A)

(B)

(C)

14. What do they want?

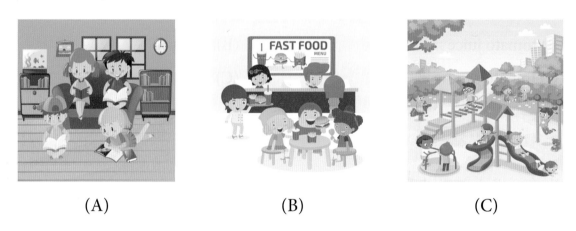

(A)

(B)

(C)

15. How much is the pen?

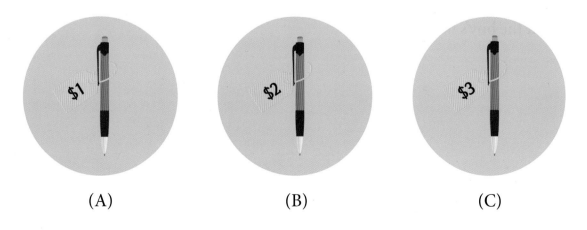

(A)

(B)

(C)

16. What does the girl buy second?

   (A) a toy

   (B) a doll

   (C) a flower

17. What does the girl like the most?

   (A) tomato salad

   (B) tomato juice

   (C) tomato sandwich

18. Where will they study tonight?

   (A) at Tony's house

   (B) in the classroom

   (C) at the boy's house

19. What are working hard?

   (A) bees

   (B) butterflies

   (C) flowers

20. What does the boy want to be?

   (A) a doctor

   (B) a player

   (C) a policeman

Section II

Reading and Writing

Part Ⓐ *Sentence Completion*

5 Questions

Part Ⓑ *Situational Writing*

5 Questions

Part Ⓒ *Reading and Retelling*

10 Questions

Directions: Read the sentences and choose the best one for each blank.

지시사항 1번에서 5번까지는 빈칸을 알맞게 채워 대화를 완성하는 문제입니다. 가장 알맞은 답을 고르세요.

1. Michael _____ soccer.

(A) play

(B) plays

(C) playing

(D) to play

2. Where _____ the teddy bear?

(A) is

(B) do

(C) are

(D) does

3. _____ money do you have?

(A) How much

(B) How many

(C) What much

(D) What many

4. My hobby is listening ___ music.

(A) by

(B) to

(C) over

(D) under

5. The rabbit _____ long ears.

(A) is

(B) are

(C) has

(D) have

Directions: Look at the pictures and choose the best answer.

지시사항 6번부터 10번까지는 그림을 정확히 파악하는 문제입니다. 가장 알맞은 답을 고르세요.

6.

I live in the _____.

    (A) city

    (B) water

    (C) desert

    (D) countryside

7.

There are _____ books on the shelf.

    (A) three

    (B) four

    (C) five

    (D) six

8.

The flowers are _____ the basket.

    (A) in

    (B) over

    (C) under

    (D) outside

9.

The boy is _____ the table.

    (A) setting

    (B) drawing

    (C) sitting on

    (D) writing on

10.

He is _____.

    (A) late for school

    (B) buying a watch

    (C) waiting for a bus

    (D) busy with homework

Directions: Look at the pictures or read the paragraphs and choose the best answer.

지시사항 11번부터 20번까지는 읽기자료에 관련된 문제입니다. 읽기자료에 대한 질문을 읽고 가장 알맞은 답을 고르세요.

For questions 11 – 12, refer to the following menu.

11. When does breakfast start?

(A) 6:00 AM

(B) 6:30 AM

(C) 7:00 AM

(D) 7:30 AM

12. How much is the cheese toast?

(A) $3

(B) $4

(C) $5

(D) $6

For questions 13 - 14, refer to the following information.

13. When is the party?

    (A) May 1st

    (B) May 2nd

    (C) May 10th

    (D) May 20th

14. What do they NOT do at the party?

    (A) eat pizza

    (B) play games

    (C) take pictures

    (D) watch movies

For questions 15 - 16, refer to the following information.

Check List

	Come back from school
	Hang up backpack
	Wash hand
	Do homework
	Show homework to Mom

15. What does he do first?

(A) eat a snack

(B) wash his hands

(C) hang up his backpack

(D) finish his school work

16. Who does he show his schoolwork to?

(A) his dad

(B) his mom

(C) his brother

(D) his grandfather

For questions 17 – 18, refer to the following passage.

My name is Sally. I go jogging with my dad every day. Molly, our dog, runs after us. We run through the park. Then, we run along the river. The cool wind touches my face. It makes me smile.

17. Who goes jogging with Sally?

(A) her mother

(B) her father

(C) her sister

(D) her brother

18. What makes her smile?

(A) Molly

(B) the park

(C) the river

(D) the cool wind

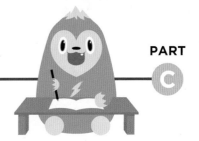

For questions 19 – 20, refer to the following passage.

> We will visit the famous Night Safari tonight. Night Safari is the world's first night zoo. We can ride a streetcar or walk through the zoo. Night Safari opens at 7:30 PM. We cannot wait to see it.

19. What is Night Safari?

    (A) a zoo

    (B) a house

    (C) a theater

    (D) a country

20. What time does Night Safari open?

    (A) at 6:30 PM

    (B) at 7:30 PM

    (C) at 8:30 PM

    (D) at midnight

Appendix

A

add	v. 더하다
again	ad. (또) 한번 더, 다시
all day	하루종일
all day long	하루종일
always	ad. 항상
apartment	n. 아파트
autumn	n. 가을

B

backpack	n. 책가방
be kidding	농담하다
bean	n. 콩
bee	n. 벌
beautiful	adj. 아름다운
bored	adj. 지루해하는
borrow	v. 빌리다
breakfast	n. 아침, 아침식사
brush	n. 빗, 솔; v. 솔질을 하다
busy	adj. 바쁜
butterfly	n. 나비

C

cart	n. 수레, 마차
carry	v. 들고 있다, 나르다
catch	n. 캐치볼 놀이; v. 붙잡다
children	n. 아이들
Chinese	n. 중국인
chopstick	n. 젓가락
circle	v. 원
city	n. 도시
climbing	n. 등산
clothes	n. 옷, 의복
cold	adj. 추운; n. 감기
colorful	adj. 화려한, 색깔이 다양한
computer game	n. 컴퓨터 게임
cook	n. 요리사; v. 요리하다
cool	adj. 시원한
cough	n. 기침; v. 기침하다
countryside	n. 시골 지역, 전원 지대
cousin	n. 사촌
crawl	v. 기다

D

dark	adj. 어두운
day	n.요일, 날
delicious	adj. 맛있는
dentist	n. 치과 의사
desert	n. 사막
desk	n. 책상
diary	n. 일기
different	adj. 다른
dinosaur	n. 공룡
do the dishes	설거지하다
doctor	n. 의사
draw	v. 그리다

E

eraser	n. 지우개
exciting	adj. 신나는

excuse me	실례합니다
expensive	adj. 비싼

F

family	n. 가족
famous	adj. 유명한
farm	n. 농장
favorite	adj. 매우 좋아하는
fee	n. 이용료
fever	n. 열
finish	v. 끝내다
fold	v. 접다
forever	ad. 영원히
fork	n. 포크
free	adj. 무료의
french fries	n. 감자튀김

G

garden	n. 정원
generally	ad. 보통, 일반적으로
giraffe	n. 기린
give	v. 주다
glad	adj. 기쁜, 반가운
glue	n. 풀; v. (접착제로) 붙이다
good luck	v. 행운을 빌다
grass	n. 풀, 잔디
ground	n. 바닥

H

Halloween	n. 할로윈
hang	v. 걸다

healthy	adj. 건강한
hear	v. 듣다
hobby	n. 취미
hold	v. 잡다, 쥐다, 들다
hope	v. 희망하다; n. 희망
hot	adj. 뜨거운
hour	n. 시간
hungry	adj. 배고픈

I

insect	n. 벌레
invite	v. 초대하다

J

jacket	n. 재킷, 상의
jar	n. 단지(항아리), 병
jeans	n. 청바지
juicy	adj. 즙이 많은

K

kind	adj. 친절한
kitten	n. 새끼 고양이
knife	n. 칼

L

last	adj. 마지막
laugh	v. 웃다
lesson	n. 수업, 가르침
letter	n. 편지
library	n. 도서관
look like	~를 닮다
low	adj. 낮은

lucky	adj. 행운의
lunch	n. 점심, 점심식사

M

make a wish	소원을 빌다
math	n. 수학
mean	adj. 비열한, 심술궂은
medicine	n. 약
midnight	n. 자정, 밤 열두시
mitten	n. 벙어리 장갑
money	n. 돈
mountain	n. 산
museum	n. 박물관

N

neck	n. 목
newspaper	n. 신문

O

on foot	걸어서, 도보로
order	n. 주문; v. 주문하다
outside	ad. 밖에

P

parents	n. 부모님
paste	n. (접착용) 풀, 반죽
pencil case	n. 필통
pet	n. 애완동물
pick	v. 고르다, 선택하다, 뽑다
picnic	n. 소풍
plane	n. 비행기
plant	n. 식물

playground	n. 놀이터
police officer	n. 경찰관
pond	n. 연못
poor	adj. 가난한
popular	adj. 인기있는
pour	v. 붓다
powder	n. 가루, 분말
practice	v. 연습하다; n. 연습
present	n. 선물
pretty	adj. 예쁜
program	n. 프로그램
put	v. 놓다

R

raincoat	n. 우비
receive	v. 받다
rectangle	n. 직사각형
rest	v. 쉬다, 휴식하다; n. 휴식
right	adj. 옳은, 알맞은, 정확한
river	n. 강
round	adj. 동그란
rule	n. 규칙

S

safe	adj. 안전한
safety	n. 안전
sand	n. 모래
sandwich	n. 샌드위치
science	n. 과학
scissors	n. 가위

seesaw	n. 시소
sell	v. 팔다
send	v. 보내다
set the table	식탁을 차리다
shelf	n. 선반
shirt	n. 셔츠
shoes	n. 신발
shop	n. 상점; v. 쇼핑하다
shopping mall	n. 쇼핑몰
show	v. 보여주다
sing	v. 노래하다
sleepy	adj. 졸린
small	adj. (크기·수·양 정도가) 작은, 적은
snack	n. 간식
soap	n. 비누
sock	n. 양말
soon	ad. 곧
speak	v. 말하다
spring	n. 봄
square	n. 정사각형
station	n. 역
stir	v. 젓다
stormy	adj. 폭풍우가 몰아치는, (날씨가) 험악한
straight	ad. 곧바로
streetcar	n. 시내전차
subject	n. 과목
subway	n. 지하철

sunny	adj. 날씨가 맑은, 화창한
sweet	adj. 달콤한
swim	v. 수영하다
T	
take a break	휴식을 취다
take a picture	사진을 찍다
tall	adj. 키가 큰, 높은
teach	v. 가르치다
team	n. 팀, 단체
teddy bear	n. 곰인형
teeth	n. (tooth의 복수형)치아
test	n. 시험
thin	adj. 얇은, 가는, 마른
think	v. ~라고 생각하다
through	pre. ~를 통과해서, ~를 통해, ~를 통과(관통)하여
toe	n. 발가락
together	ad. 함께, 같이
tomorrow	n. 내일; ad. 내일
toothache	n. 치통
toothpaste	n. 치약
touch	v. 만지다
triangle	n. 삼각형
turn	v. 돌다
U	
usually	ad. 보통, 대개
V	
vacation	n. 방학

vase	n. 꽃병
vegetable	n. 야채
very	ad. 매우
visit	v. 방문하다

walk a dog	개를 산책시키다
warm up	준비운동 하다
watch	v. 보다
water	v. 물을 주다
watermelon	n. 수박
wear	v. 입다, 착용하다, 신다
weekend	n. 주말
well	adj. 건강한, 좋은; ad. 잘
wet	adj. 젖은
white	n. 하얀색; adj. 흰, 흰색의
whole	adj. 전체의
win	v. 이기다
work hard	일을 열심히 하다
world	n. 세계
worry	v. 걱정시키다
write	v. 쓰다

yell	v. 소리치다
yellow	n. 노란색; adj. 노란, 노란색의
yet	ad. 아직
yummy	adj. 맛있는

zoo	n. 동물원

국제영어능력인증시험 (TOSEL)

*연습을 위한 OMR 카드 샘플입니다.

국제토셀위원회

한글이름

감독확인

STARTER

수 험 번 호

(1)

(2)

주의사항

1. 수험번호 및 답안은 검은색 사인펜을 사용해서 〈보기〉와 같이 표기합니다.
   〈보기〉 바른표기 : ● 틀린표기 : ✔ ⊗ ⊙ ◑ ◎
2. 수험번호(1)에는 아라비아 숫자로 쓰고, (2)에는 해당란에 ● 표기합니다.
3. 답안 수정은 수정 테이프로 흔적을 깨끗이 지웁니다.
4. 수험번호 및 답안 작성란 이외의 여백에 낙서를 하지 마시기 바랍니다. 이로 인한 불이익은 수험자 본인의 책임입니다.
5. 마킹오류로 제점 불가능한 답안은 0점 처리되오니, 이점 유의하시기 바랍니다.

* 정기시험 OMR로 사용이 불가합니다.

SECTION I

문항	A	B	C	D	문항	A	B	C	D
1	A	B	C	D	11	A	B	C	D
2	A	B	C	D	12	A	B	C	D
3	A	B	C	D	13	A	B	C	D
4	A	B	C	D	14	A	B	C	D
5	A	B	C	D	15	A	B	C	D
6	A	B	C	D	16	A	B	C	D
7	A	B	C	D	17	A	B	C	D
8	A	B	C	D	18	A	B	C	D
9	A	B	C	D	19	A	B	C	D
10	A	B	C	D	20	A	B	C	D

SECTION II

문항	A	B	C	D	문항	A	B	C	D
1	A	B	C	D	11	A	B	C	D
2	A	B	C	D	12	A	B	C	D
3	A	B	C	D	13	A	B	C	D
4	A	B	C	D	14	A	B	C	D
5	A	B	C	D	15	A	B	C	D
6	A	B	C	D	16	A	B	C	D
7	A	B	C	D	17	A	B	C	D
8	A	B	C	D	18	A	B	C	D
9	A	B	C	D	19	A	B	C	D
10	A	B	C	D	20	A	B	C	D

국제영어능력인증시험 (TOSEL)

STARTER

한글이름   감독확인

수 험 번 호

문항	SECTION I				문항					문항	SECTION II				문항			
1	Ⓐ Ⓑ Ⓒ Ⓓ				11	Ⓐ Ⓑ Ⓒ Ⓓ				1	Ⓐ Ⓑ Ⓒ Ⓓ				11	Ⓐ Ⓑ Ⓒ Ⓓ		
2	Ⓐ Ⓑ Ⓒ Ⓓ				12	Ⓐ Ⓑ Ⓒ Ⓓ				2	Ⓐ Ⓑ Ⓒ Ⓓ				12	Ⓐ Ⓑ Ⓒ Ⓓ		
3	Ⓐ Ⓑ Ⓒ Ⓓ				13	Ⓐ Ⓑ Ⓒ Ⓓ				3	Ⓐ Ⓑ Ⓒ Ⓓ				13	Ⓐ Ⓑ Ⓒ Ⓓ		
4	Ⓐ Ⓑ Ⓒ Ⓓ				14	Ⓐ Ⓑ Ⓒ Ⓓ				4	Ⓐ Ⓑ Ⓒ Ⓓ				14	Ⓐ Ⓑ Ⓒ Ⓓ		
5	Ⓐ Ⓑ Ⓒ Ⓓ				15	Ⓐ Ⓑ Ⓒ Ⓓ				5	Ⓐ Ⓑ Ⓒ Ⓓ				15	Ⓐ Ⓑ Ⓒ Ⓓ		
6	Ⓐ Ⓑ Ⓒ Ⓓ				16	Ⓐ Ⓑ Ⓒ Ⓓ				6	Ⓐ Ⓑ Ⓒ Ⓓ				16	Ⓐ Ⓑ Ⓒ Ⓓ		
7	Ⓐ Ⓑ Ⓒ Ⓓ				17	Ⓐ Ⓑ Ⓒ Ⓓ				7	Ⓐ Ⓑ Ⓒ Ⓓ				17	Ⓐ Ⓑ Ⓒ Ⓓ		
8	Ⓐ Ⓑ Ⓒ Ⓓ				18	Ⓐ Ⓑ Ⓒ Ⓓ				8	Ⓐ Ⓑ Ⓒ Ⓓ				18	Ⓐ Ⓑ Ⓒ Ⓓ		
9	Ⓐ Ⓑ Ⓒ Ⓓ				19	Ⓐ Ⓑ Ⓒ Ⓓ				9	Ⓐ Ⓑ Ⓒ Ⓓ				19	Ⓐ Ⓑ Ⓒ Ⓓ		
10	Ⓐ Ⓑ Ⓒ Ⓓ				20	Ⓐ Ⓑ Ⓒ Ⓓ				10	Ⓐ Ⓑ Ⓒ Ⓓ				20	Ⓐ Ⓑ Ⓒ Ⓓ		

주의사항

1. 수험번호 및 답안은 검은색 사인펜을 사용해서 <보기>와 같이 표기합니다.
   <보기> 바른표기 : ● 틀린표기 : ⊙ ⊗ ⊙ ◉

2. 수험번호 (1)에는 아라비아 숫자로 쓰고, (2)에는 해당란에 ● 표기합니다.

3. 답안 수정은 수정 테이프로 흔적을 깨끗이 지웁니다.

4. 수험번호 및 답안 작성란 이외의 여백에 낙서를 하지 마시기 바랍니다. 이로 인한 불이익은 수험자 본인 책임입니다.

5. 마킹오류로 채점 불가능한 답안은 0점 처리되오니, 이점 유의하시기 바랍니다.

국제토셀위원회

국제영어능력인증시험 (TOSEL)

STARTER

한글이름

감독확인

수 험 번 호

(0)	(0)	(0)	(0)	(0)		(0)	(0)		(0)	(0)	(0)
(1)	(1)	(1)	(1)	(1)		(1)	(1)		(1)	(1)	(1)
(2)	(2)	(2)	(2)	(2)		(2)	(2)		(2)	(2)	(2)
(3)	(3)	(3)	(3)	(3)		(3)	(3)		(3)	(3)	(3)
(4)	(4)	(4)	(4)	(4)		(4)	(4)		(4)	(4)	(4)
(5)	(5)	(5)	(5)	(5)		(5)	(5)		(5)	(5)	(5)
(6)	(6)	(6)	(6)	(6)		(6)	(6)		(6)	(6)	(6)
(7)	(7)	(7)	(7)	(7)		(7)	(7)		(7)	(7)	(7)
(8)	(8)	(8)	(8)	(8)		(8)	(8)		(8)	(8)	(8)
(9)	(9)	(9)	(9)	(9)		(9)	(9)		(9)	(9)	(9)

(1)　　　　(2)

주 의 사 항

1. 수험번호 및 답안은 검은색 사인펜을 사용해서 〈보기〉와 같이 표기합니다.
   〈보기〉 바른표기 : ● 틀린표기 : ⊙ ⊗ ◑
2. 수험번호(1)에는 아라비아 숫자로 쓰고, (2)에는 해당란에 ● 표기합니다.
3. 답안 수정은 수정 테이프로 흔적을 깨끗이 지웁니다.
4. 수험번호 및 답안 작성란 이외의 여백에 낙서를 하지 마시기 바랍니다. 이로 인한 불이익은 수험자 본인 책임입니다.
5. 마킹오류로 채점 불가능한 답안은 0점 처리되오니, 이점 유의하시기 바랍니다.

* 정기시험 OMR로 사용이 불가합니다.

SECTION I

문항	A	B	C	D		문항	A	B	C	D
1	Ⓐ	Ⓑ	Ⓒ	Ⓓ		11	Ⓐ	Ⓑ	Ⓒ	Ⓓ
2	Ⓐ	Ⓑ	Ⓒ	Ⓓ		12	Ⓐ	Ⓑ	Ⓒ	Ⓓ
3	Ⓐ	Ⓑ	Ⓒ	Ⓓ		13	Ⓐ	Ⓑ	Ⓒ	Ⓓ
4	Ⓐ	Ⓑ	Ⓒ	Ⓓ		14	Ⓐ	Ⓑ	Ⓒ	Ⓓ
5	Ⓐ	Ⓑ	Ⓒ	Ⓓ		15	Ⓐ	Ⓑ	Ⓒ	Ⓓ
6	Ⓐ	Ⓑ	Ⓒ	Ⓓ		16	Ⓐ	Ⓑ	Ⓒ	Ⓓ
7	Ⓐ	Ⓑ	Ⓒ	Ⓓ		17	Ⓐ	Ⓑ	Ⓒ	Ⓓ
8	Ⓐ	Ⓑ	Ⓒ	Ⓓ		18	Ⓐ	Ⓑ	Ⓒ	Ⓓ
9	Ⓐ	Ⓑ	Ⓒ	Ⓓ		19	Ⓐ	Ⓑ	Ⓒ	Ⓓ
10	Ⓐ	Ⓑ	Ⓒ	Ⓓ		20	Ⓐ	Ⓑ	Ⓒ	Ⓓ

SECTION II

문항	A	B	C	D		문항	A	B	C	D
1	Ⓐ	Ⓑ	Ⓒ	Ⓓ		11	Ⓐ	Ⓑ	Ⓒ	Ⓓ
2	Ⓐ	Ⓑ	Ⓒ	Ⓓ		12	Ⓐ	Ⓑ	Ⓒ	Ⓓ
3	Ⓐ	Ⓑ	Ⓒ	Ⓓ		13	Ⓐ	Ⓑ	Ⓒ	Ⓓ
4	Ⓐ	Ⓑ	Ⓒ	Ⓓ		14	Ⓐ	Ⓑ	Ⓒ	Ⓓ
5	Ⓐ	Ⓑ	Ⓒ	Ⓓ		15	Ⓐ	Ⓑ	Ⓒ	Ⓓ
6	Ⓐ	Ⓑ	Ⓒ	Ⓓ		16	Ⓐ	Ⓑ	Ⓒ	Ⓓ
7	Ⓐ	Ⓑ	Ⓒ	Ⓓ		17	Ⓐ	Ⓑ	Ⓒ	Ⓓ
8	Ⓐ	Ⓑ	Ⓒ	Ⓓ		18	Ⓐ	Ⓑ	Ⓒ	Ⓓ
9	Ⓐ	Ⓑ	Ⓒ	Ⓓ		19	Ⓐ	Ⓑ	Ⓒ	Ⓓ
10	Ⓐ	Ⓑ	Ⓒ	Ⓓ		20	Ⓐ	Ⓑ	Ⓒ	Ⓓ

국제영어능력인증시험 (TOSEL)

STARTER

한글이름		감독확인

SECTION I

문항	A	B	C	D		문항	A	B	C	D
1	A	B	C	D		11	A	B	C	D
2	A	B	C	D		12	A	B	C	D
3	A	B	C	D		13	A	B	C	D
4	A	B	C	D		14	A	B	C	D
5	A	B	C	D		15	A	B	C	D
6	A	B	C	D		16	A	B	C	D
7	A	B	C	D		17	A	B	C	D
8	A	B	C	D		18	A	B	C	D
9	A	B	C	D		19	A	B	C	D
10	A	B	C	D		20	A	B	C	D

SECTION II

문항	A	B	C	D		문항	A	B	C	D
1	A	B	C	D		11	A	B	C	D
2	A	B	C	D		12	A	B	C	D
3	A	B	C	D		13	A	B	C	D
4	A	B	C	D		14	A	B	C	D
5	A	B	C	D		15	A	B	C	D
6	A	B	C	D		16	A	B	C	D
7	A	B	C	D		17	A	B	C	D
8	A	B	C	D		18	A	B	C	D
9	A	B	C	D		19	A	B	C	D
10	A	B	C	D		20	A	B	C	D

수 험 번 호

(1)

(2)

0 1 2 3 4 5 6 7 8 9

주의사항

1. 수험번호 및 답안은 검은색 사인펜을 사용해서 <보기>와 같이 표기합니다.
   <보기> 바른표기 : ● 틀린표기 : ⊗ ⊙ ◎
2. 수험번호 (1)에는 아라비아 숫자로 쓰고, (2)에는 해당란에 ● 표기합니다.
3. 답안 수정은 수정 테이프로 흔적을 깨끗이 지웁니다.
4. 수험번호 및 답안 작성란 이외의 여백에 낙서를 하지 마시기 바랍니다. 이로 인한 불이익은 수험자 본인 책임입니다.
5. 마킹오류로 채점 불가능한 답안은 0점 처리되오니, 이점 유의하시기 바랍니다.

국제토셀위원회

국제영어능력인증시험 (TOSEL)

STARTER

한글이름

감독확인

국제토셀위원회

SECTION I

문항	A	B	C	D		문항	A	B	C	D
1	Ⓐ	Ⓑ	Ⓒ	Ⓓ		11	Ⓐ	Ⓑ	Ⓒ	Ⓓ
2	Ⓐ	Ⓑ	Ⓒ	Ⓓ		12	Ⓐ	Ⓑ	Ⓒ	Ⓓ
3	Ⓐ	Ⓑ	Ⓒ	Ⓓ		13	Ⓐ	Ⓑ	Ⓒ	Ⓓ
4	Ⓐ	Ⓑ	Ⓒ	Ⓓ		14	Ⓐ	Ⓑ	Ⓒ	Ⓓ
5	Ⓐ	Ⓑ	Ⓒ	Ⓓ		15	Ⓐ	Ⓑ	Ⓒ	Ⓓ
6	Ⓐ	Ⓑ	Ⓒ	Ⓓ		16	Ⓐ	Ⓑ	Ⓒ	Ⓓ
7	Ⓐ	Ⓑ	Ⓒ	Ⓓ		17	Ⓐ	Ⓑ	Ⓒ	Ⓓ
8	Ⓐ	Ⓑ	Ⓒ	Ⓓ		18	Ⓐ	Ⓑ	Ⓒ	Ⓓ
9	Ⓐ	Ⓑ	Ⓒ	Ⓓ		19	Ⓐ	Ⓑ	Ⓒ	Ⓓ
10	Ⓐ	Ⓑ	Ⓒ	Ⓓ		20	Ⓐ	Ⓑ	Ⓒ	Ⓓ

SECTION II

문항	A	B	C	D		문항	A	B	C	D
1	Ⓐ	Ⓑ	Ⓒ	Ⓓ		11	Ⓐ	Ⓑ	Ⓒ	Ⓓ
2	Ⓐ	Ⓑ	Ⓒ	Ⓓ		12	Ⓐ	Ⓑ	Ⓒ	Ⓓ
3	Ⓐ	Ⓑ	Ⓒ	Ⓓ		13	Ⓐ	Ⓑ	Ⓒ	Ⓓ
4	Ⓐ	Ⓑ	Ⓒ	Ⓓ		14	Ⓐ	Ⓑ	Ⓒ	Ⓓ
5	Ⓐ	Ⓑ	Ⓒ	Ⓓ		15	Ⓐ	Ⓑ	Ⓒ	Ⓓ
6	Ⓐ	Ⓑ	Ⓒ	Ⓓ		16	Ⓐ	Ⓑ	Ⓒ	Ⓓ
7	Ⓐ	Ⓑ	Ⓒ	Ⓓ		17	Ⓐ	Ⓑ	Ⓒ	Ⓓ
8	Ⓐ	Ⓑ	Ⓒ	Ⓓ		18	Ⓐ	Ⓑ	Ⓒ	Ⓓ
9	Ⓐ	Ⓑ	Ⓒ	Ⓓ		19	Ⓐ	Ⓑ	Ⓒ	Ⓓ
10	Ⓐ	Ⓑ	Ⓒ	Ⓓ		20	Ⓐ	Ⓑ	Ⓒ	Ⓓ

수 험 번 호

(1) / (2)

숫자 마킹란: ⓪①②③④⑤⑥⑦⑧⑨

주의사항

1. 수험번호 및 답안은 검은색 사인펜을 사용해서 〈보기〉와 같이 표기합니다.
   〈보기〉 바른표기 : ● 틀린표기 : ⊗ ⊙ ◐
2. 수험번호(1)에는 아라비아 숫자로 쓰고, (2)에는 해당란에 ● 표기합니다.
3. 답안 수정은 수정 테이프로 흔적을 깨끗이 지웁니다.
4. 수험번호 및 답안 작성란 이외의 여백에 낙서를 하거나 마시기 바랍니다. 이로 인한 불이익은 수험자 본인 책임입니다.
5. 마킹오류로 채점 불가능한 답안은 0점 처리되오니, 이점 유의하시기 바랍니다.

* 정기시험 OMR로 사용이 불가합니다.

엄선된 **100만 명**의 응시자 성적 데이터를 활용한 **AI기반** 데이터 공유 및 가치 고도화 **플랫폼**

TOSEL® Lab
국제토셀위원회 지정교육기관

공동기획
- 고려대학교 문과대학 언어정보연구소
- 국제토셀위원회

TOSEL Lab 국제토셀위원회 지정교육기관이란?

국내외 15,000여 개 학교·학원 단체응시인원 중 엄선한 100만 명 이상의 실제 TOSEL 성적 데이터와,
정부(과학기술정보통신부)의 AI 바우처 지원 사업 수행기관 선정으로 개발된 맞춤식 AI 빅데이터 기반 영어성장 플랫폼입니다.

진단평가를 통한 올바른 영어학습 방향 제시를 잘 할 수 있는 전국의 학원 및 단체를 찾아,
TOSEL Lab 지정교육기관으로 선정합니다. 선정된 기관들에게는 아래의 초도물품이 제공됩니다.

※ TOSEL Lab 지정교육기관에 제공되는 초도물품

Reading Series

내신과 **토셀 고득점**을 한꺼번에

Pre-Starter | Starter | Basic | Junior | High-Junior

- 각 단원 학습 도입부에 주제와 관련된 이미지를 통한 말하기 연습
- 각 Unit 별 4-6개의 목표 단어 제시, 그림 또는 영문으로 단어 뜻을 제공하여 독해 학습 전 단어 숙지
- 독해&실용문 연습을 위한 지문과 Comprehension 문항을 10개씩 수록하여 이해도 확인 및 진단
- 숙지한 독해 지문을 원어민 음성으로 들으며 듣기 학습 , 듣기 전, 듣기 중, 듣기 후 학습 커리큘럼 마련

Listening Series

한국 학생들에게 최적화된 듣기 실력 완성!

Pre-Starter | Starter | Basic | Junior | High-Junior

- 초등 / 중등 교과과정 연계 말하기&듣기 학습과 세분화된 레벨
- TOSEL 기출 문장과 실생활에 자주 활용되는 문장 패턴을 통해 듣기 및 말하기 학습
- 실제 TOSEL 지문의 예문을 활용한 실용적 학습 제공
- 실전 감각 향상과 점검을 위한 기출 문제 수록

Speaking Series

한국 학생들에게 최적화된 말하기 실력 완성!

Pre-Starter | Starter | Basic | Junior | High-Junior

- 단어 → 문법 → 표현 → 대화로 이어지는 단계적인 학습
- 교과과정에 연계한 설계로 내신과 수행평가 완벽 대비
- 최신 수능 출제 문항을 반영한 문장으로 수능 대비까지
- 전국 Speaking 올림피아드 공식 대비 교재

Grammar Series

체계적인 단계별 **문법 지침서**

Pre-Starter | Starter | Basic | Junior | High-Junior

- 초등 / 중등 교과과정 연계 문법 학습과 세분화된 레벨
- TOSEL 기출 문제 연습과 최신 수능 출제 문법을 포함하여 수능 / 내신 대비 가능
- 이해하기 쉬운 그림, 깔끔하게 정리된 표와 설명, 다양한 문제를 통해 문법 학습
- 실전 감각 향상과 점검을 위한 기출 문제 수록

Voca Series

학년별 꼭 알아야하는 **단어 수록!**

Pre-Starter | Starter | Basic | Junior | High-Junior

- 각 단어 학습 도입부에 주제와 관련된 이미지를 통한 말하기 연습
- TOSEL 시험을 기준으로 빈출 지표를 활용한 예문과 문제 구성
- 실제 TOSEL 지문의 예문을 활용한 실용적 학습 제공
- 실전 감각 향상과 점검을 위한 실전 문제 수록

Story Series

읽는 재미에 실력까지 **동시에!**

Pre-Starter | Starter | Basic | Junior

- 초등 / 중등 교과과정 연계 영어 학습과 세분화된 레벨
- 이야기 지문과 단어를 함께 연결지어 학생들의 독해 능력을 평가
- 이해하기 쉬운 그림, 깔끔하게 정리된 표와 설명, 다양한 문제, 재미있는 스토리를 통한 독해 학습
- 다양한 단계의 문항을 풀어보고 학생들의 읽기, 듣기, 쓰기, 말하기 실력을 집중적으로 향상

TOSEL Lab 에는 어떤 콘텐츠가 있나요?

진단
맞춤형 레벨테스트로 정확한 평가 제공

응시자 빅데이터 분석에 기반한 테스트로 신규 상담 학생의 영어능력을 정확하게 진단하고 효과적인 영어 교육을 실시하기 위한 객관적인 가이드라인을 제공합니다.

교재
세분화된 레벨로 실력에 맞는 학습 제공

TOSEL의 세분화된 교재 레벨은 각 연령에 맞는 어휘와 읽기 지능 및 교과 과정과의 연계가 가능하도록 설계된 교재들로 효과적인 학습 커리큘럼을 제공합니다.

학습
다양한 교재연계 콘텐츠로 효과적인 자기주도학습

TOSEL 시험을 대비한 다양한 콘텐츠를 제공해 영어 학습에 시너지 효과를 기대할 수 있으며, 학생들의 자기주도 학습 습관을 더 탄탄하게 키울 수 있습니다.

교재를 100% 활용하는 TOSEL Lab 지정교육기관의 노하우!

Teaching Materials

TOSEL에서 제공하는 수업 자료로 교재 학습을 더욱 효과적으로 진행!

Study Content

철저한 자기주도학습 콘텐츠로 교재 수업 후 효과적인 복습!

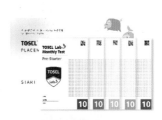

Test Content

교재 학습과 더불어 학생 맞춤형 시험으로 실력 점검 및 향상

100만 명으로 엄선된 TOSEL 성적 데이터로 탄생!

TOSEL Lab 지정교육기관을 위한 콘텐츠로 더욱 효과적인 수업을 경험하세요.

국제토셀위원회는 TOSEL Lab 지정교육기관에서 교재로 수업하는 학원을 위해 교재를 잘 활용할 수 있는 다양한 콘텐츠를 제공 및 지원합니다.

TOSEL Lab 지정교육기관은

국제토셀위원회 직속 TOSEL연구소에서 20년 동안 보유해온 전국 15,000여 개 교육기관 토셀 응시자들의 영어성적 분석데이터를 공유받아, 통계를 기반으로 한 전문적이고 과학적인 커리큘럼을 설계하고, 영어학습 방향을 제시하여, 경쟁력있는 기관, 잘 가르치는 기관으로 해당 지역에서 입지를 다지게 됩니다.

TOSEL Lab 지정교육기관으로 선정되기 위해서는 소정의 **심사** 절차가 수반됩니다.

TOSEL Lab 심사신청

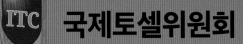

TOSEL
실전문제집

STARTER
정답 및 해설

TOSEL®
실전문제집

STARTER

정답 및 해설

국제토셀위원회

TOSEL STARTER

실전 1회

Section I Listening and Speaking

1 **(B)**	2 **(C)**	3 **(C)**	4 **(A)**	5 **(B)**
6 **(A)**	7 **(B)**	8 **(C)**	9 **(A)**	10 **(A)**
11 **(B)**	12 **(A)**	13 **(A)**	14 **(B)**	15 **(C)**
16 **(B)**	17 **(C)**	18 **(C)**	19 **(A)**	20 **(A)**

Section II Reading and Writing

1 **(C)**	2 **(A)**	3 **(B)**	4 **(A)**	5 **(B)**
6 **(D)**	7 **(C)**	8 **(B)**	9 **(B)**	10 **(C)**
11 **(A)**	12 **(B)**	13 **(B)**	14 **(B)**	15 **(A)**
16 **(D)**	17 **(A)**	18 **(A)**	19 **(B)**	20 **(B)**

SECTION I   LISTENING AND SPEAKING

Part A. Listen and Recognize (p.11)

1. Boy: The book is funny.
   (B)
해석 소년: 책이 재미있다.
풀이 책이 재미있다고 했으므로 책을 읽으며 웃고 있는 소년 그림 (B)가 정답이다.

2. Girl: The girl is swimming.
   (C)
해석 소녀: 소녀가 수영을 하고 있다.
풀이 소녀가 수영을 하고 있다고 했으므로 수영하는 여자아이 그림 (C)가 정답이다.

3. Girl: The children are on the seesaw.
   (C)
해석 소녀: 아이들이 시소를 타고 있다.
풀이 아이들이 시소를 타고 있다고 했으므로 답은 (C)이다.
Words and Phrases seesaw 시소

4. Boy: The soup is very hot.
   (A)
해석 소년: 스프가 매우 뜨겁다.
풀이 스프가 매우 뜨겁다고 했으므로 답은 (A)이다.

5. Girl: The bird is on the branch.
   (B)
해석 소녀: 새가 나무에 있다

풀이 새가 나무에 있다고 했으므로 답은 (B)이다.

Part B. Listen and Respond (p.13)

6. Boy: I have a cold.
   Girl: _____
      (A) That's too bad.
      (B) I'm not cold.
      (C) That's fine.
해석 소년: 나 감기에 걸렸어.
   소녀: _____
      (A) 안됐다.
      (B) 나는 춥지 않아.
      (C) 괜찮아.
풀이 감기에 걸렸다는 소년의 말에 대한 적절한 반응은 (A)이다.

7. Girl: Are you ready?
   Boy: _____
      (A) Yes, it's red.
      (B) Yes, I'm ready.
      (C) Are you all right?
해석 소녀: 준비 됐어?
   소년: _____
      (A) 응, 그것은 빨간색이야.
      (B) 응, 나는 준비 됐어.
      (C) 너 괜찮아?
풀이 준비가 되었는지 묻는 소녀의 말에 적절한 대답은 (B)이다.

8. Girl: This toy is for you.
   Boy: _____
      (A) Good luck!
      (B) Don't worry.
      (C) Thank you!
해석 소녀: 이 장난감은 너를 위한 것이야.
   소년: _____
      (A) 행운을 빌어!
      (B) 걱정하지마.
      (C) 고마워!
풀이 소녀가 소년에게 장난감을 주는 상황이므로 소년의 적절한 대답은 (C)이다.
Words and Phrases good luck 행운을 빌다

9. Boy: Is it raining?
   Girl: _____
      (A) Yes, it is.
      (B) I'm fine.
      (C) Let's go together.
해석 소년: 비가 오고 있니?
   소녀: _____
      (A) 응, 그래.
      (B) 나는 괜찮아,

(C) 우리 같이 가자.
풀이 비가 오는지 소녀에게 묻고 있으므로 적절한 대답은 (A)이다.
Words and Phrases together 함께, 같이

10. Girl: Can you help me?
　　Boy: ＿＿＿＿＿＿＿
　　　(A) Sure, I can.
　　　(B) That's not mine.
　　　(C) No, I didn't.
해석 소녀: 날 도와줄 수 있니?
　　소년: ＿＿＿＿＿＿＿
　　　(A) 응, 할 수 있어.
　　　(B) 그것은 내 것이 아니야.
　　　(C) 아니, 내가 안 그랬어.
풀이 소년에게 도와줄 수 있는지 물었으므로 적절한 대답은 (A)이다.

Part C. Listen and Retell (p.14)

11. Boy: Do you like watermelon?
　　Girl: Yes, I do.
　　Question: What does the girl like?
　　　(B)
해석 소년: 수박을 좋아하니?
　　소녀: 응, 좋아해.
　　질문: 소녀가 좋아하는 것은 무엇입니까?
풀이 소녀는 수박을 좋아한다고 했으므로 답은 (B)이다.
Words and Phrases watermelon 수박

12. Girl: Where are the monkeys?
　　Boy: They are in the trees.
　　Question: Where are the monkeys?
　　　(A)
해석 소녀: 원숭이들은 어디에 있니?
　　소년: 나무 안에 있어.
　　질문: 원숭이는 어디에 있습니까?
풀이 원숭이는 나무 안에 있다고 했으므로 답은 나무 안에 있는 (A)이다.

13. Boy: What color is your bag?
　　Girl: It's pink.
　　Question: What color is the girl's bag?
　　　(A)
해석 소년: 너의 가방이 무슨 색이니?
　　소녀: 분홍색이야.
　　질문: 소녀의 가방은 어떤 색입니까?
풀이 소녀의 가방은 분홍색이라고 했으므로 답은 (A)이다.

14. Girl: Do you have a computer?
　　Boy: Yes, I do. It's on my desk.
　　Question: Which is the boy's room?
　　　(B)

해석 소녀: 너 컴퓨터 있니?
　　소년: 응, 있어. 내 책상 위에 있어.
　　질문: 어떤 방이 소년의 방입니까?
풀이 컴퓨터가 책상 위에 있다고 했으므로 답은 (B)이다.

15. Boy: Can you swim?
　　Girl: No, I can't, but I can skate.
　　Question: What sport can the girl do?
　　　(C)
해석 소녀: 너 수영할 수 있니?
　　소녀: 아니, 할 수 없어. 하지만 스케이트를 탈 수 있어.
　　질문: 소녀는 어떤 운동을 할 수 있습니까?
풀이 소녀는 수영을 못하지만 스케이트를 탈 수 있다고 했으므로 답은 (C)이다.

16. Boy: I play soccer every Saturday on a team. I play base-
　　　ball every Sunday with my friends. Today, I played
　　　soccer, and our team won!
　　Question: What day is it today?
　　　(A) Sunday
　　　(B) Saturday
　　　(C) Thursday
해석 소년: 나는 팀에서 매 토요일마다 축구를 한다. 나는 일요일마다 친구들과 야
　　구를 한다. 오늘, 나는 축구를 했고, 우리 팀이 이겼다!
　　질문: 오늘은 무슨 요일입니까?
　　　(A) 일요일
　　　(B) 토요일
　　　(C) 목요일
풀이 축구를 하는 날은 토요일이므로 답은 (B)이다.
Words and Phrases team 팀, 단체

17. Girl: I like animals. I have a dog. It's small and cute. I
　　　have two birds, too. They are yellow and white. They
　　　like to sing all day.
　　Question: What is the dog like?
　　　(A) It's yellow and white.
　　　(B) It's small and white.
　　　(C) It's small and cute.
해석 소녀: 나는 동물을 좋아한다. 나는 개를 가지고 있다. 그것은 작고 귀엽다.
　　나는 두 마리의 새도 가지고 있다. 그들은 노랗고 하얗다. 그들은 하루 종일
　　노래하는 것을 좋아한다.
　　질문: 개는 어떻게 생겼습니까?
　　　(A) 노랗고 하얗다.
　　　(B) 작고 하얗다.
　　　(C) 작고 귀엽다.
풀이 개는 작고 귀엽다고 했으므로 답은 (C)이다.
Words and Phrases all day 하루종일

18. Boy: Ted gets sick at school. His mother takes him to the
　　　hospital. The doctor looks at Ted and gives him some
　　　medicine. Then, Ted goes home to rest.
　　Question: Where does Ted get medicine?
　　　(A) home

(B) school

(C) the hospital

해석 소년: Ted는 학교에서 아프게 되었다. 그의 엄마는 그를 병원에 데려가신
다. 의사선생님은 Ted를 보고 그에게 약을 조금 준다. 그리고, Ted는
집에 가서 쉰다.

질문: Ted는 어디에서 약을 받습니까?

(A) 집

(B) 학교

(C) 병원

풀이 Ted는 병원에서 의사선생님에게 약을 받았으므로 답은 (C)이다.

Words and Phrases medicine 약

19. Girl: We are going on a picnic. Everybody will bring some-
thing. Mary will bring sandwiches. Kevin will bring
water, and I will bring a camera.

Question: What will Kevin bring?

(A) water

(B) a camera

(C) sandwiches

해석 소녀: 우리는 소풍을 간다. 모두는 무언가를 가져올 것이다. Mary는 샌드
위치를 가져올 것이다. Kevin은 물을 가져올 것이고, 나는 카메라를
가져올 것이다.

질문: Kevin은 무엇을 가져올 것입니까?

(A) 물

(B) 카메라

(C) 샌드위치

풀이 Kevin은 물을 가져올 것이라고 했으므로 답은 (A)이다.

Words and Phrases sandwich 샌드위치

20. Girl: Mom and I are at the store. She is getting food. I am
putting it in the cart. There are some fruits and some
snacks in the cart.

Question: What are they doing?

(A) They are shopping.

(B) They are eating.

(C) They are cooking.

해석 소녀: 엄마와 나는 가게에 있다. 그녀는 음식을 가져오고 있다. 나는 그것을
카트에 넣고 있다. 카트 안에는 과일과 간식이 있다.

질문: 그들은 무엇을 하고 있습니까?

(A) 그들은 쇼핑을 하고 있다.

(B) 그들은 먹고 있다.

(C) 그들은 요리를 하고 있다.

풀이 소녀가 엄마가 가져온 음식을 카트에 넣고 있으므로 쇼핑을 하고 있다고 추
측할 수 있다. 따라서 답은 (A)이다.

Words and Phrases snack 간식 cart 수레, 마차

SECTION II READING AND WRITING

Part A. Sentence Completion (p.18)

1. I eat breakfast _____ seven o'clock.

(A) in

(B) on

(C) at

(D) with

해석 나는 7시에 아침을 먹는다.

(A) ~안에

(B) ~(위)에

(C) ~에

(D) ~와 함께

풀이 시각을 나타낼 때는 전치사 'at'을 사용하므로 (C)가 정답이다.

Words and Phrases breakfast 아침식사

2. The giraffe _____ a long neck.

(A) has

(B) have

(C) having

(D) is have

해석 기린은 긴 목을 가지고 있다.

(A) 가지다 (3인칭 단수형)

(B) 가지다 (1 · 2인칭 단 · 복수형, 3인칭 복수형)

(C) 가지는

(D) 틀린 표현

풀이 주어인 'giraffe'가 3인칭 단수이므로 (A)가 정답이다.

Words and Phrases giraffe 기린 long 긴 neck 목

3. _____ brother plays computer games.

(A) I

(B) My

(C) Me

(D) Mine

해석 나의 남동생은 컴퓨터 게임을 한다.

(A) 나

(B) 나의

(C) 나를

(D) 나의 것

풀이 'brother'을 꾸며주는 소유격이 쓰여야 적절하므로 (B)가 정답이다.

4. My hair _____ short.

(A) is

(B) be

(C) am

(D) are

해석 내 머리카락은 짧다.

(A) 3인칭 단수형 be동사

(B) be동사

(C) 1인칭 단수형 be동사

(D) 2인칭 단·복수형, 3인칭 복수 be동사

풀이 주어인 'hair'가 3인칭 단수이므로 (A)가 정답이다.

Words and Phrases hair 머리카락 short 짧은

5. _____ cold. Close the door.

(A) I

(B) I'm

(C) I do

(D) I have

해석 나는 추워. 문을 닫아줘.

(A) 나

(B) 나는

(C) 나는 ~를 한다

(D) 나는 ~를 가지다

풀이 춥다는 상태를 나타내는 표현이므로 be동사가 함께 쓰여야 적절하다. 그러므로 (B)가 정답이다.

Words and Phrases close 닫다 door 문

Part B. Situational Writing (p.19)

6. The girl is putting on her _____.

(A) skirt

(B) shoes

(C) books

(D) socks

해석 소녀가 양말을 신고 있다.

(A) 치마

(B) 신발

(C) 책

(D) 양말

풀이 그림에는 소녀가 양말을 신고 있으므로 답은 (D)이다.

7. The girl is _____ with her friends.

(A) eating

(B) sleeping

(C) singing

(D) fighting

해석 소녀가 친구들과 노래 부르고 있다.

(A) 먹는

(B) 자는

(C) 노래하는

(D) 싸우는

풀이 그림에서 소녀가 친구들과 노래부르고 있으므로 답은 (C)이다.

8. . Can I borrow your _____?

(A) ruler

(B) eraser

(C) glue

(D) pencil

해석 너의 지우개를 빌려도 될까?

(A) 자

(B) 지우개

(C) 풀

(D) 연필

풀이 그림에는 지우개가 나와 있으므로 답은 (B)이다.

Words and Phrases glue 풀, (접착제로) 붙이다

9. He _____ a letter to his grandmother.

(A) draws

(B) writes

(C) paints

(D) reads

해석 그는 할머니에게 편지를 쓴다.

(A) 그리다

(B) 쓰다

(C) 색칠하다

(D) 읽다

풀이 그림의 소년은 편지를 쓰고 있으므로 답은 (B)이다.

Words and Phrases letter 편지

10. My mom cleans the _____.

(A) kitchen

(B) bedroom

(C) bathroom

(D) living room

해석 엄마가 화장실을 청소하신다.

(A) 부엌

(B) 침실

(C) 화장실

(D) 거실

풀이 그림에서 엄마가 청소하고 있는 곳이 화장실이므로 답은 (C)이다.

Part C. Reading and Retelling (p.21)

[11–12]

11. What ice cream can you NOT buy?

(A) mango

(B) vanilla

(C) strawberry

(D) chocolate

12. How much is chocolate chip topping?

    (A) free
    (B) $0.50
    (C) $1.00
    (D) $1.50

해석

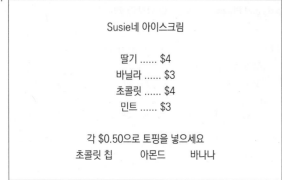

> Susie네 아이스크림
>
> 딸기 $4
> 바닐라 $3
> 초콜릿 $4
> 민트 $3
>
> 각 $0.50으로 토핑을 넣으세요
> 초콜릿 칩   아몬드   바나나

11. 살 수 없는 아이스크림은 무엇입니까?

(A) 망고
(B) 바닐라
(C) 딸기
(D) 초콜릿

12. 초콜릿 칩 토핑은 얼마입니까?

(A) 무료
(B) $0.50
(C) $1.00
(D) $1.50

풀이 메뉴의 아이스크림 맛 중 망고는 없으므로 11번은 (A)가 정답이다. 토핑은 각 $0.50이라고 나와있으므로 12번은 (B)가 정답이다.

Words and Phrases strawberry 딸기 topping 토핑 almond 아몬드 free 무료의

[13-14]

Favorite Movie

13. What is the most popular movie?

    (A) horror
    (B) comic
    (C) family
    (D) action

14. How many people like family movie?

    (A) 5
    (B) 7

(C) 10
(D) 15

해석

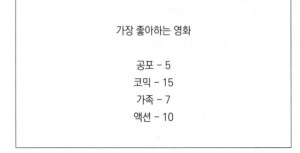

> 가장 좋아하는 영화
>
> 공포 – 5
> 코믹 – 15
> 가족 – 7
> 액션 – 10

13. 가장 인기 있는 영화는 무엇입니까?

(A) 공포
(B) 코믹
(C) 가족
(D) 액션

14. 몇 명의 사람들이 가족 영화를 좋아합니까?

(A) 5
(B) 7
(C) 10
(D) 15

풀이 차트에 따르면 가장 많은 사람들이 좋아하는 영화는 코믹이므로 13번은 (B)가 정답이다. 가족 영화를 좋아하는 사람의 수는 7명이므로 14번은 (B)가 정답이다.

[15-16]

> BIRTHDAY PARTY!
>
> Dear Amber,
>
> Tomorrow is my birthday.
> Will you come to
> my birthday party?
> Jenny

> Happy Birthday!
>
> Dear Jenny,
>
> Happy Birthday!
> I hope you like the pencil case.
> Amber

15. Whose birthday is it?

    (A) Jenny
    (B) Amber
    (C) Jenny's sister
    (D) Amber's sister

16. What is the birthday present?

    (A) a party
    (B) a pencil
    (C) a CD case
    (D) a pencil case

해석

<table>
<tr><td>

Amber에게,
내일은 내 생일이야.
내 생일 파티에 올래?
Jenny가

</td><td>

Jenny에게
생일 축하해!
네가 필통을 좋아했으면 좋겠다.
Amber가

</td></tr>
</table>

15. 누구의 생일입니까?

(A) Jenny

(B) Amber

(C) Jenny의 언니/여동생

(D) Amber의 언니/여동생

16. 생일 선물이 무엇입니까?

(A) 파티

(B) 연필

(C) CD케이스

(D) 필통

풀이 Jenny가 생일 파티에 초대하는 편지를 Amber에게 보냈으므로 Jenny의 생일임을 알 수 있다. 따라서 17번의 답은 (A)이다. Amber가 편지에서 Jenny가 필통을 좋아하길 바란다고 했으므로 18번의 답은 (D)이다.

Words and Phrases pencil case 필통

[17-18]

Sophia walks in the rain without a raincoat or umbrella. She gets a cold. Her head hurts, and she has a fever. She also has a bad cough. She doesn't go to school the next day.

17. What is the weather like?

(A) rainy

(B) sunny

(C) snowy

(D) very hot

18. How is Sophia?

(A) sick

(B) happy

(C) healthy

(D) very well

해석 소피아는 우비나 우산 없이 빗속을 걷는다. 그녀는 감기에 걸린다. 그녀는 머리가 아프고 열이 난다. 그녀는 또한 기침이 심하다. 그녀는 다음날 학교에 가지 않는다.

15. 날씨는 어떻습니까?

(A) 비가 오는

(B) 맑은

(C) 눈이 오는

(D) 아주 더운

16. Sophia는 어떻습니까?

(A) 아픈

(B) 행복한

(C) 건강한

(D) 매우 좋은

풀이 Sophia가 빗속을 걷는다고 했으므로 17번의 답은 (A)이다. Sophia는 감기에 걸렸다고 했으므로 18번의 답은 (A)이다.

Words and Phrases well 건강한, 좋은, 잘 healthy 건강한 fever 열

[19-20]

It is Sunday today. Tony likes Sunday the most. He goes to the soccer field with his dad. They play soccer for one hour. Then, they sit on a bench and have lunch.

19. How long do they play soccer?

(A) 30 minutes

(B) 1 hour

(C) 1 hour and 30 minutes

(D) 2 hours

20. Where do they eat lunch?

(A) at school

(B) on a bench

(C) at a restaurant

(D) on a soccer field

해석 오늘은 일요일이다. Tony는 일요일을 가장 좋아한다. 그는 그의 아빠와 축구장에 간다. 그들은 한시간 동안 축구를 한다. 그러고나서, 그들은 벤치에 앉아 점심을 먹는다.

19. 그들은 얼마나 오래 축구를 합니까?

(A) 30분

(B) 1시간

(C) 1시간 30분

(D) 2시간

20. 그들은 어디에서 점심을 먹습니까?

(A) 학교에서

(B) 벤치 위에서

(C) 식당에서

(D) 축구장에서

풀이 축구를 한시간 동안 한다고 했으므로 19번은 (B)가 정답이다. 벤치에 앉아 점심을 먹는다고 했으므로 20번은 (B)가 정답이다.

Words and Phrases Sunday 일요일 the most 가장 field 들판, ...장 hour 시간

TOSEL STARTER

실전 2회

SECTION I LISTENING AND SPEAKING

Part A. Listen and Recognize (p.28)

1. Boy: I am angry.
　　(C)
해석 소년: 나는 화가 나.
풀이 소년이 화가 난다고 했으므로 화난 얼굴 그림 (C)가 정답이다.

2. Girl: It's a pencil.
　　(A)
해석 소녀: 이것은 연필이야.
풀이 연필 그림 (A)가 정답이다.

3. Boy: My father is a doctor.
　　(B)
해석 소년: 우리 아버지는 의사이시다.
풀이 아버지가 의사라고 했으므로 답은 (B)이다.

4. Girl: I can ride a bike.
　　(A)
해석 소녀: 나는 자전거를 탈 수 있다.
풀이 소녀는 자전거를 탈 수 있다고 했으므로 답은 (A)이다.

5. Girl: Tom has four apples.
　　(C)
해석 소녀: Tom은 사과 4개를 가지고 있다.
풀이 Tom은 사과 4개를 가지고 있다고 했으므로 답은 (C)이다.

Part B. Listen and Respond (p.30)

6. Boy: Is your brother a student?
　　Girl: _____
　　(A) Yes, he is.
　　(B) No, they aren't.
　　(C) No, he's a student.
해석 소년: 네 남동생은 학생이니?
　　소녀: _____
　　(A) 응, 그는 학생이야.
　　(B) 아니, 그들은 아니야.
　　(C) 아니, 그는 학생이야.
풀이 동생이 학생인지 물었으므로 적절한 대답은 (A)이다.

7. Girl: Do you want some more orange juice?
　　Boy: _____
　　(A) Not bad.
　　(B) No, thank you.
　　(C) I'm not ready yet.
해석 소녀: 오렌지 주스 더 마실래?
　　소년: _____
　　(A) 나쁘지 않아.
　　(B) 아니, 괜찮아.
　　(C) 나는 아직 준비가 안 되었어.
풀이 오렌지 주스를 권유하는 소녀의 말에 적절한 대답은 (B)이다.

8. Girl: What time does the party start?
　　Boy: _____
　　(A) Tomorrow.
　　(B) All the time.
　　(C) At 5 o'clock.
해석 소녀: 파티가 몇 시에 시작하니?
　　소년: _____
　　(A) 내일.
　　(B) 언제나.
　　(C) 5시에.
풀이 파티 시작 시간을 물어보았으므로 소년의 적절한 대답은 (C)이다.

9. Boy: What does your father look like?
　　Girl: _____
　　(A) He is a teacher.
　　(B) He is tall and thin.
　　(C) He likes eating bananas.
해석 소년: 너희 아버지는 어떻게 생기셨니?
　　소녀: _____
　　(A) 그는 선생님이야.
　　(B) 그는 크고 말랐어.
　　(C) 그는 바나나를 먹는 것을 좋아해.
풀이 아버지의 생김새를 묻는 질문이므로 적절한 대답은 (B)이다.
Words and Phrases look like ~를 닮다

10. Boy: Where are you from?

Girl: _____

   (A) I go to school.

   (B) I'm from Korea.

   (C) I live in an apartment.

해석 소년: 너 어디에서 왔니?

   소녀: _____

   (A) 나는 학교에 가.

   (B) 나는 한국에서 왔어.

   (C) 나는 아파트에서 살아.

풀이 소녀가 어디에서 왔는지 물었으므로 적절한 대답은 (B)이다.

Part C. Listen and Retell (p.31)

11. Boy: How is the weather today?

Girl: It is sunny.

Question: What is the weather like?

   (C)

해석 소년: 오늘 날씨가 어때?

   소녀: 날씨가 맑아.

   질문: 날씨는 어떻습니까?

풀이 날씨가 맑다고 했으므로 답은 (C)이다.

Words and Phrases sunny 날씨가 맑은

12. Girl: What is your grandfather doing?

Boy: He is reading a book in the living room.

Question: Where is the boy's grandfather?

   (A)

해석 소녀: 할아버지가 무엇을 하고 계시니?

   소년: 그는 거실에서 책을 읽고 계셔.

   질문: 소년의 할아버지는 어디에 있습니까?

풀이 소년의 할아버지는 거실에서 책을 읽고 계신다고 했으므로 답은 (A)이다.

13. Boy: What do you do on your winter vacation?

Girl: I go skiing during my winter vacation.

Question: What does the girl do during her winter vacation?

   (B)

해석 소년: 겨울 방학에 뭐하니?

   소녀: 나는 겨울 방학동안 스키를 타.

   질문: 소녀는 겨울 방학동안 무엇을 합니까?

풀이 소녀가 스키를 탄다고 했으므로 답은 (B)이다.

14. Girl: What is your favorite fruit?

Boy: I like strawberries the most.

Question: What is the boy's favorite fruit?

   (C)

해석 소녀: 가장 좋아하는 과일은 무엇이니?

   소녀: 나는 딸기를 가장 좋아해.

질문: 소년이 가장 좋아하는 과일은 무엇입니까?

풀이 소년은 딸기가 가장 좋다고 했으므로 답은 (C)이다.

15. Boy: Where's your hat?

Girl: It's on the desk.

Question: Where is the girl's hat?

   (A)

해석 소년: 네 모자 어디있어?

   소녀: 책상 위에 있어.

   질문: 소녀의 모자는 어디에 있습니까?

풀이 소녀의 모자는 책상 위에 있다고 했으므로 답은 (A)이다.

16. Boy: At night, the sky is dark. I can see the stars and the moon in the sky. I look up at them and make a wish.

Question: What can the boy see at night?

   (A) the sun and the clouds

   (B) the birds and the planes

   (C) the stars and the moon

해석 소년: 밤에, 하늘은 어둡다. 나는 하늘의 별과 달을 볼 수 있다. 나는 그것들을 쳐다보고 소원을 빈다.

   질문: 소년은 밤에 무엇을 볼 수 있습니까?

   (A) 해와 구름

   (B) 새와 비행기

   (C) 별과 달

풀이 밤에는 별과 달을 볼 수 있다고 했으므로 답은 (C)이다.

17. Girl: On Wednesdays, I play basketball with my friends. On Thursdays, I go to my swimming lesson. I walk my dog on Fridays.

Question: When does the girl go to her swimming lesson?

   (A) on Wednesdays

   (B) on Thursdays

   (C) on Fridays

해석 소녀: 수요일에는, 나는 친구들과 농구를 한다. 목요일에는, 수영 레슨을 받으러 간다. 금요일에는 개를 산책시킨다.

   질문: 소녀는 언제 수영 레슨을 받으러 갑니까?

   (A) 수요일에

   (B) 목요일에

   (C) 금요일에

풀이 목요일에 수영 레슨을 받으러 간다고 했으므로 답은 (B)이다.

Words and Phrases walk a dog 개를 산책시키다

18. Girl: It's raining. My mom tells me to not get wet. I wear yellow boots and a pink raincoat. I carry my green umbrella on my way to school.

Question: What color is the girl's raincoat?

   (A) pink

   (B) green

   (C) yellow

해석 소녀: 비가 온다. 엄마는 젖지 말라고 내게 말한다. 나는 노란 부츠와 분홍색 우비를 입는다. 나는 학교에 가는 길에 내 녹색 우산을 들고 간다.

   질문: 소녀의 우비는 무슨 색입니까?

(A) 분홍색

(B) 녹색

(C) 노란색

풀이 소녀의 우비는 분홍색이라고 했으므로 답은 (A)이다.

Words and Phrases raincoat 우비

19. Boy: Jack has two erasers. One is white and one is pink. Maria has four erasers. Two are pink, one is white, and one is yellow.

   Question: How many erasers do they have all together?

   (A) two

   (B) four

   (C) six

해석 소년: Jack은 지우개 두 개를 가지고 있다. 하나는 흰 색이고 하나는 분홍색이다. Maria는 네 개의 지우개를 가지고 있다. 두 개는 분홍색이고, 하나는 흰색이고, 하나는 노란색이다.

   질문: 그들은 지우개를 총 몇 개 가지고 있습니까?

   (A) 2

   (B) 4

   (C) 6

풀이 Jack은 지우개를 두 개 가지고 있고 Maria는 네 개 가지고 있어 총 여섯 개를 가지고 있으므로 답은 (C)이다.

20. Girl: I go to my grandma's house by subway every Sunday. It takes over 30 minutes to get there. She always meets me at the station.

   Question: How does the girl get to her grandma's house?

   (A) by bus

   (B) on foot

   (C) by subway

해석 소녀: 나는 할머니네 집에 매주 일요일 지하철을 타고 간다. 거기에 가는 것은 30분이 넘게 걸린다. 그녀는 항상 역에서 나를 만난다.

   질문: 소녀는 어떻게 할머니네 집에 갑니까?

   (A) 버스로

   (B) 걸어서

   (C) 지하철로

풀이 소녀는 지하철을 타고 간다고 했으므로 답은 (C)이다.

Words and Phrases station 역 subway 지하철 on foot 걸어서, 도보로

SECTION II READING AND WRITING

Part A. Sentence Completion (p.35)

1. Susan _____ a blue pen.

   (A) is

   (B) has

   (C) does

   (D) have

해석 Susan은 파란 펜을 가지고 있다.

   (A) ~이다

   (B) 가지다 (3인칭 단수형)

   (C) 하다 (3인칭 단수형)

   (D) 가지다 (1·2인칭 단·복수형)

풀이 주어인 'Susan'은 단수이고 '가지다'라는 뜻의 동사를 써야 적절하므로 (B)가 정답이다.

2. The boy _____ a soccer player.

   (A) be

   (B) is

   (C) are

   (D) have

해석 그 소년은 축구 선수이다.

   (A) be동사

   (B) 3인칭 단수형 be동사

   (C) 2인칭 단·복수형, 3인칭 복수 be동사

   (D) 가지다 (1·2인칭 단·복수형)

풀이 주어인 'boy'가 3인칭 단수이므로 (B)가 정답이다.

Words and Phrases soccer player 축구 선수

3. Joe is kind, _____?

   (A) he isn't

   (B) isn't he

   (C) are they

   (D) aren't they

해석 Joe는 착해, 그렇지 않니?

   (A) 그는 아니다

   (B) 그는 그렇지 않니? (부가의문문)

   (C) 그들은 그렇니? (부가의문문)

   (D) 그들은 그렇지 않니? (부가의문문)

풀이 동사가 'is'일 때 부가의문문은 부정형인 'isn't'로 물어보아야 하므로 (B)가 정답이다.

4. _____ half past three.

   (A) I'm

   (B) It's

   (C) He's

   (D) You're

해석 3시 반이야.

   (A) 나는 ~이다

   (B) ~이다

   (C) 그는 ~이다

   (D) 너는 ~이다

풀이 시간, 계절, 날짜를 나타내는 비인칭 주어 'it'을 사용해야 하므로 답은 (B)이다.

5. Jack is _____ the dishes.

   (A) do

   (B) does

   (C) doing

(D) have

해석 Jack은 설거지를 하고있는 중이다.

(A) 하다 (1 · 2인칭 단 · 복수형)

(B) 하다 (3인칭 단수형)

(C) 하는

(D) 가지다

풀이 빈칸 앞에 be동사가 있으므로 현재진행형을 써주는 것이 적절하다. 그러므로 (C)가 정답이다.

Words and Phrases do the dishes 설거지하다

Part B. Situational Writing (p.36)

6. She is carrying a _____.

(A) pink hat

(B) **pink bag**

(C) yellow hat

(D) yellow bag

해석 그녀는 분홍색 가방을 들고 가고 있다.

(A) 분홍색 모자

(B) 분홍색 가방

(C) 노란색 모자

(D) 노란색 가방

풀이 그림의 소녀가 분홍색 가방을 메고 있으므로 답은 (B)이다.

Words and Phrases carry 들고 있다, 나르다

7. He likes to _____ after school.

(A) eat

(B) sing

(C) play

(D) read

해석 그는 방과 후에 먹는 것을 좋아한다.

(A) 먹다

(B) 노래하다

(C) 놀다

(D) 읽다

풀이 그림의 소년은 먹고 있으므로 답은 (A)이다.

8. We eat in the _____.

(A) kitchen

(B) bedroom

(C) bathroom

(D) living room

해석 우리는 부엌에서 먹는다.

(A) 부엌

(B) 침실

(C) 화장실

(D) 거실

풀이 부엌 그림이므로 답은 (A)이다.

9. _____ are eating grass.

(A) A cow

(B) A sheep

(C) Three cows

(D) **Three sheep**

해석 양 세마리가 풀을 먹고 있다.

(A) 소 한 마리

(B) 양 한 마리

(C) 소 세 마리

(D) 양 세 마리

풀이 그림에서 양 세 마리가 풀을 먹고 있으므로 답은 (D)이다. sheep의 복수형은 sheep 이다.

10. The girl is wearing _____.

(A) a hat

(B) boots

(C) a bear

(D) **glasses**

해석 소녀가 안경을 쓰고 있다.

(A) 모자

(B) 부츠

(C) 곰

(D) 안경

풀이 소녀는 안경을 쓰고 있으므로 답은 (D)이다.

Words and Phrases wear (옷 등을) 입다, (신발 등을) 신다, (안경, 모자 등을) 쓰다

Part C. Reading and Retelling (p.38)

[11-12]

11. What do you need to make hot cocoa?

(A) salt

(B) sugar

(C) cinnamon

(D) chocolate

12. What is the second step?

(A) add sugar

(B) stir and enjoy

(C) pour hot water

(D) put in cocoa powder

해석

핫코코아 만드는 법

1. 컵에 뜨거운 물을 붓는다.
2. 코코아 가루를 넣는다.
3. 원하면 설탕을 추가한다.
4. 젓고 즐긴다!

---

11. 핫코코아를 만드려면 무엇이 필요합니까?

(A) 소금

(B) 설탕

(C) 계피

(D) 초콜릿

12. 두번째 단계는 무엇입니까?

(A) 설탕 추가하기

(B) 젓고 즐기기

(C) 뜨거운 물 붓기

(D) 코코아 가루 넣기

풀이 세번째 단계에서 원하면 설탕을 추가하라고 했고, 다른 재료들은 언급되지 않았으므로 11번은 (B)가 정답이다. 두번째 단계에서 코코아 가루를 넣으라고 했으므로 12번은 (D)가 정답이다.

해석

West 시립 동물원 버스 투어

호랑이, 사자, 곰을 볼 수 있습니다.
투어는 30분이 걸릴 것입니다.
* 버스는 오후 1시에 떠납니다. *

먹이를 주는 것은 허가되지 않습니다.

---

13. 볼 수 없는 것은 어떤 동물입니까?

(A) 곰

(B) 사자

(C) 호랑이

(D) 기린

14. 투어는 몇시에 끝납니까?

(A) 오후 12시

(B) 오후 12시 30분

(C) 오후 1시

(D) 오후 1시 30분

풀이 동물원 버스 투어에서 볼 수 있는 동물들은 호랑이, 사자, 곰이라고 나와있으므로 13번은 (D)가 정답이다. 투어 버스는 오후 1시에 떠난다고 했고 투어는 30분이 걸린다고 했으므로 14번은 (D)가 정답이다.

[13-14]

West City Zoo Bus Tour

You can see tigers, lions, and bears.
Tour will take 30 minutes.
* Bus leaves at 1:00 PM *
* Feeding is not allowed.

13. Which animal can you NOT see?

(A) bears

(B) lions

(C) tigers

(D) giraffes

14. What time does the tour end?

(A) 12:00 PM

(B) 12:30 PM

(C) 1:00 PM

(D) 1:30 PM

[15-16]

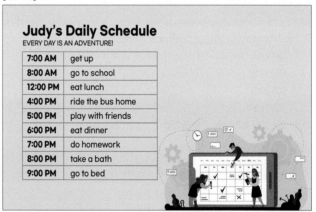

Judy's Daily Schedule
EVERY DAY IS AN ADVENTURE!

7:00 AM	get up
8:00 AM	go to school
12:00 PM	eat lunch
4:00 PM	ride the bus home
5:00 PM	play with friends
6:00 PM	eat dinner
7:00 PM	do homework
8:00 PM	take a bath
9:00 PM	go to bed

15. When does Judy go to school?

(A) 7:00 AM

(B) 8:00 AM

(C) 12:00 PM

(D) 4:00 PM

16. What does Judy do at 7 PM?

(A) go to bed

(B) eat dinner

(C) do homework

(D) play with friends

Judy의 하루 스케줄	
오전 7:00	일어난다
오전 8:00	학교에 간다
오후 12:00	점심을 먹는다
오후 4:00	버스타고 집에 간다
오후 5:00	친구와 논다
오후 6:00	저녁을 먹는다
오후 7:00	숙제를 한다
오후 8:00	목욕을 한다
오후 9:00	잠을 잔다

15. Judy는 언제 학교에 갑니까?

(A) 오전 7:00

(B) 오전 8:00

(C) 오후 12:00

(D) 오후 4:00

16. Judy는 오후 7시에 무엇을 합니까?

(A) 잠을 잔다

(B) 저녁을 먹는다

(C) 숙제를 한다

(D) 친구와 논다

풀이 Judy는 오전 8시에 학교에 가므로 15번의 답은 (B)이다. Judy는 오후 7시에 숙제를 하므로 16번의 답은 (C)이다.

[17-18]

I am Sarah. It is Saturday. Today is my birthday. I invite my friends and have a birthday party. Many friends come. We eat hamburgers, chicken, and cake. My friends give me a lot of presents. I am very happy.

17. When is Sarah's birthday?

(A) Saturday

(B) Sunday

(C) next week

(D) next month

18. What do Sarah and her friends NOT eat at the party?

(A) cake

(B) pizza

(C) chicken

(D) hamburgers

해석 나는 Sarah이다. 토요일이다. 오늘은 내 생일이다. 나는 친구들을 초대하고 생일파티를 한다. 많은 친구들이 온다. 우리는 햄버거, 치킨, 그리고 케이크를 먹는다. 친구들은 나에게 많은 선물을 준다. 나는 아주 행복하다.

17. Sarah의 생일은 언제입니까?

(A) 토요일

(B) 일요일

(C) 다음주

(D) 다음달

18. Sarah와 그녀의 친구들이 파티에서 먹지 않는 것은 무엇입니까?

(A) 케이크

(B) 피자

(C) 치킨

(D) 햄버거

풀이 오늘은 토요일이고 오늘이 Sarah의 생일이라고 했으므로 17번의 답은 (A)이다. Sarah는 햄버거, 치킨, 케이크를 먹었으므로 18번의 답은 (B)이다.

Words and Phrases invite 초대하다 present 선물

[19-20]

Sue gets a lot of candy for Halloween. She eats all of it that night, but she does not brush her teeth. The next day, she has a toothache. She has to go to the dentist. She is scared.

19. What does Sue eat?

(A) cake

(B) pizza

(C) candy

(D) ice cream

20. What should Sue do?

(A) eat more candy

(B) play with friends

(C) buy some candy

(D) go to the dentist

해석 Sue는 할로윈에 많은 사탕을 받는다. 그녀는 그날 밤 전부를 먹지만 이를 닦지 않는다. 다음날, 그녀는 치통이 있다. 그녀는 치과의사에게 가야한다. 그녀는 무서워한다.

19. Sue는 무엇을 먹습니까?

(A) 케이크

(B) 피자

(C) 사탕

(D) 아이스크림

20. Sue는 무엇을 해야 합니까?

(A) 사탕을 더 많이 먹는다

(B) 친구와 논다

(C) 사탕을 산다

(D) 치과의사에게 간다

풀이 Sue가 사탕을 많이 받아 모두 먹었다고 했으므로 19번의 답은 (C)이다. Sue가 치통이 있어 치과의사에게 가야한다고 했으므로 20번의 답은 (D)이다.

Words and Phrases toothache 치통 teeth (tooth의 복수형) 치아, 이 Halloween 할로윈

TOSEL STARTER

실전 3회

Section I Listening and Speaking

1 **(C)**	2 **(B)**	3 **(B)**	4 **(B)**	5 **(A)**
6 **(A)**	7 **(A)**	8 **(C)**	9 **(B)**	10 **(A)**
11 **(C)**	12 **(B)**	13 **(C)**	14 **(B)**	15 **(C)**
16 **(C)**	17 **(C)**	18 **(A)**	19 **(A)**	20 **(B)**

Section II Reading and Writing

1 **(D)**	2 **(B)**	3 **(B)**	4 **(B)**	5 **(A)**
6 **(B)**	7 **(B)**	8 **(A)**	9 **(A)**	10 **(D)**
11 **(D)**	12 **(B)**	13 **(A)**	14 **(D)**	15 **(B)**
16 **(D)**	17 **(B)**	18 **(C)**	19 **(D)**	20 **(B)**

SECTION I   LISTENING AND SPEAKING

Part A. Listen and Recognize (p.45)

1. Girl: I'm happy.
   (C)
해석 소녀: 나는 행복해.
풀이 소녀는 행복하다고 했으므로 웃고 있는 그림 (C)가 정답이다.

2. Boy: It's an eraser.
   (B)
해석 소년: 그것은 지우개야.
풀이 지우개 그림 (B)가 정답이다.

3. Girl: My uncle is a police officer.
   (B)
해석 소녀: 나의 삼촌은 경찰관이다.
풀이 삼촌이 경찰관이라고 했으므로 답은 (B)이다.
Words and Phrases police officer 경찰관

4. Boy: Jimmy is playing soccer.
   (B)
해석 소년: Jimmy는 축구를 하고 있다.
풀이 Jimmy가 축구를 하고 있다고 했으므로 답은 (B)이다.

5. Girl: Jane is wearing a cap.
   (A)
해석 소녀: Jane은 모자를 쓰고 있다.
풀이 모자를 쓴 소녀 그림 (A)가 답이다.

Part B. Listen and Respond (p.47)

6. Boy: Excuse me, can you take a picture of me?
   Girl: _____
   (A) Sure, I can.
   (B) Yes, please.
   (C) No, thank you.
해석 소년: 실례합니다, 혹시 제 사진을 찍어주실 수 있으세요?
   소녀: _____
   (A) 당연히 가능해요!
   (B) 네, 해주세요.
   (C) 아니요, 괜찮습니다.
풀이 사진을 찍어달라는 말에 적절한 대답은 (A)이다.
Words and Phrases take a picture 사진을 찍다 excuse me 실례합니다

7. Girl: Do you like this jacket?
   Boy: _____
   (A) Yes, I do.
   (B) No, I'll buy it.
   (C) Yes, I don't like it.
해석 소녀: 이 재킷 괜찮아?
   소년: _____
   (A) 응, 좋아.
   (B) 아니, 나 살래.
   (C) 응, 나 안 좋아해.
풀이 Yes 뒤에는 긍정적인 말이, No 뒤에는 부정적인 말이 적절하므로 답은 (A)이다.

8. Boy: You look great today.
   Girl: _____
   (A) Oh, I'm fine.
   (B) I'm not kidding.
   (C) Really? Thank you.
해석 소년: 너 오늘 멋져보여.
   소녀: _____
   (A) 아, 나는 괜찮아.
   (B) 나 농담하는 거 아니야.
   (C) 정말? 고마워.
풀이 소년의 칭찬에 대한 가장 적절한 대답은 (C)이다.
Words and Phrases be kidding 농담하다

9. Girl: Excuse me. Where is the library?
   Boy: _____
   (A) Stay here.
   (B) Go straight.
   (C) Let's take a taxi.
해석 소녀: 실례합니다. 도서관이 어디에 있나요?
   소년: _____
   (A) 여기 계세요.
   (B) 쭉 가세요.

(C) 택시를 탑시다.

풀이 도서관의 위치를 묻는 질문에 대한 적절한 대답은 (B)이다.

Words and Phrases straight 곧바로

10. Boy: How much is this?
    Girl: _____
    (A) It's 5 dollars.
    (B) It's too big.
    (C) I have no money.

해석 소년: 이거 얼마예요?
    소녀 : _____
    (A) 5달러예요.
    (B) 너무 커요.
    (C) 돈이 없어요.

풀이 가격을 묻는 소년의 말에 적절한 대답은 (A)이다.

Part C. Listen and Retell (p.48)

11. Boy: Hello? Who's calling?
    Girl: This is Judy. Can I speak to Jim?
    Question: What is Judy doing?
    (C)

해석 소년: 여보세요? 누구세요?
    소녀: Judy에요. Jim과 통화할 수 있을까요?
    질문: Judy는 무엇을 하고 있습니까?

풀이 소년과 소녀는 전화를 하고 있으므로 답은 (C)이다.

12. Girl: Look at the sky! It's so cloudy.
    Boy: It looks like rain. I'll take my umbrella.
    Question: What will the boy get?
    (B)

해석 소녀: 하늘을 봐! 구름이 많아.
    소년: 비 같은데. 우산을 챙겨갈거야.
    질문: 소년은 무엇을 가져갈 것입니까?

풀이 비가 와서 우산을 챙긴다고 했으므로 답은 (B)이다.

13. Boy: What are you cooking? It smells good.
    Girl: Your favorite food, pizza!
    Question: What will the boy eat?
    (C)

해석 소년: 너 무엇을 요리하니? 냄새가 좋다.
    소녀: 네가 가장 좋아하는 음식, 피자!
    질문: 소년은 무엇을 먹을 것입니까?

풀이 소녀가 피자를 만들고 있다고 했으므로 답은 (C)이다.

14. Girl: When is your birthday?
    Boy: This Saturday.
    Question: When is the boy's birthday?
    (B)

해석 소녀: 생일이 언제야?

소년: 이번주 토요일.
    질문: 소년의 생일은 언제인가요?

풀이 소년의 생일은 이번주 토요일이라고 했으므로 답은 (B)이다.

15. Boy: Irene! Who's that?
    Girl: She's my English teacher, Amy.
    Question: Who is Amy?
    (C)

해석 소년: Irene! 저 사람 누구야?
    소녀: 그녀는 내 영어 선생님 Amy야.
    질문: Amy는 누구입니까?

풀이 Amy는 영어선생님이라고 했으므로 답은 (C)이다.

16. Boy: Today, I am making sandwiches for lunch. I buy
    ham, eggs, and bread. Then, I cook them and put
    them on the bread. Now, it's time to eat!
    Question: What is the bread for?
    (A) making toast
    (B) making breadsticks
    (C) making sandwiches

해석 소년: 오늘, 나는 점심을 위해 샌드위치를 만들고 있다. 나는 햄, 계란, 빵을
    산다. 그리고, 나는 그것을 요리하고 빵 위에 올려 놓는다. 이제, 먹을
    시간이다!
    질문: 빵은 무엇을 위한 것입니까?
    (A) 토스트 만들기
    (B) 브레드스틱 만들기
    (C) 샌드위치 만들기

풀이 소년은 샌드위치를 만들고 있다고 했으므로 답은 (C)이다.

17. Girl: Baseball is my favorite sport. My friends and I play
    baseball every Sunday afternoon. If it rains, we go to
    my house and watch it on TV.
    Question: When does the girl play baseball?
    (A) everyday
    (B) after school
    (C) every Sunday

해석 소녀: 야구는 내가 가장 좋아하는 운동이다. 내 친구들과 나는 매주 일요일
    오후에 야구를 한다. 만약 비가 오면, 우리는 내 집에 가서 그것을 TV
    로 본다.
    질문: 소녀는 언제 야구를 합니까?
    (A) 매일
    (B) 방과후
    (C) 매주 일요일

풀이 소녀는 매주 일요일 오후 야구를 한다고 했으므로 답은 (C)이다.

18. Girl: Hi! My name is Claire. I am 8 years old. I am in the
    first grade. My favorite subject is art. I like it when
    we get to paint.
    Question: What is Claire's favorite subject?
    (A) art
    (B) math
    (C) science

해석 소녀: 안녕! 내 이름은 Claire이다. 나는 8살이다. 나는 1학년이다. 내가 가

장 좋아하는 과목은 미술이다. 나는 우리가 색칠할 때를 좋아한다.

질문: Claire가 가장 좋아하는 과목은 무엇입니까?

(A) 미술

(B) 수학

(C) 과학

풀이 Claire가 가장 좋아하는 과목은 미술이라고 했으므로 답은 (A)이다.

19. Boy: My father and I usually go to the countryside on the weekends. We go there by car or train. We like to play outside and then have a picnic.

Question: How do they go to the countryside?

(A) by car

(B) on foot

(C) by plane

해석 소년: 나와 아버지는 주말에 시골에 주로 간다. 우리는 차로 가거나 기차로 간다. 우리는 밖에서 놀고 소풍을 가는 것을 좋아한다.

질문: 그들은 시골에 어떻게 갑니까?

(A) 차로

(B) 걸어서

(C) 비행기로

풀이 차 혹은 기차로 간다고 했으므로 답은 (A)이다.

Words and Phrases countryside 시골 지역, 전원 지대

20. Girl: I like playing the piano. I want to be a pianist when I grow up. I go to piano lessons every week and practice every day to get better.

Question: What does the girl want to be?

(A) a singer

(B) a pianist

(C) a violinist

해석 소녀: 나는 피아노 치는 것을 좋아한다. 나는 커서 피아니스트가 되고 싶다. 나는 매주 피아노 수업을 받으러 가고 나아지기 위해 매일 연습한다.

질문: 소녀는 무엇이 되고 싶어합니까?

(A) 가수

(B) 피아니스트

(C) 바이올리니스트

풀이 소녀는 피아니스트가 되고 싶다고 했으므로 답은 (B)이다.

Words and Phrases practice 연습하다 lesson 수업, 가르침

SECTION II READING AND WRITING

Part A. Sentence Completion (p.52)

1. _____ are eating hamburgers.

(A) I

(B) It

(C) She

(D) They

해석 그들은 햄버거를 먹고 있다.

(A) 나

(B) 그것

(C) 그녀

(D) 그들

풀이 be동사 'are'앞에는 복수 명사가 와야 하므로 (D)가 정답이다.

2. I hear with _____ ears.

(A) I

(B) my

(C) me

(D) mine

해석 나는 내 귀로 듣는다.

(A) 나

(B) 나의

(C) 나를

(D) 나의 것

풀이 'ears'를 꾸며주는 소유격이 쓰여야 적절하므로 (B)가 정답이다.

3. Susan goes to bed _____ 9 o'clock.

(A) in

(B) at

(C) on

(D) between

해석 Susan은 9시에 잠을 잔다.

(A) ~에

(B) ~에

(C) ~(위)에

(D) ~사이에

풀이 시각을 나타낼 때는 전치사 'at'을 사용하므로 (B)가 정답이다.

4. The basketball game _____ exciting.

(A) be

(B) is

(C) are

(D) have

해석 농구 경기는 신난다.

(A) be동사

(B) 3인칭 단수형 be동사

(C) 2인칭 단·복수형, 3인칭 복수형 be동사

(D) 가지다 (1·2인칭 단·복수형)

풀이 주어인 'game'이 3인칭 단수이므로 (B)가 정답이다.
Words and Phrases basketball 농구 exciting 신나는

5. _____ many pencils do you have?
    (A) How
    (B) Why
    (C) When
    (D) Where
해석 연필을 몇 개 가지고 있니?
    (A) 얼마나
    (B) 왜
    (C) 언제
    (D) 어디
풀이 개수를 물을 때는 'How many + 명사의 복수형 ~?'을 사용하므로 알맞은 답은 (A)이다.

Part B. Situational Writing (p.53)

6. My favorite _____ is pink.
    (A) hat
    (B) dress
    (C) belt
    (D) shirt
해석 내가 가장 좋아하는 드레스는 분홍색이다.
    (A) 모자
    (B) 드레스
    (C) 벨트
    (D) 셔츠
풀이 그림에 있는 것은 분홍색 드레스이므로 답은 (B)이다.

7. She is _____.
    (A) reading a book
    (B) painting a picture
    (C) watching a movie
    (D) meeting her friend
해석 그녀는 그림을 그리고 있다.
    (A) 책을 읽는
    (B) 그림을 색칠하는
    (C) 영화를 보는
    (D) 친구를 만나는
풀이 소녀는 그림을 색칠하고 있으므로 답은 (B)이다.

8. There are _____ on the table.
    (A) a fork and a knife
    (B) a fork and a spoon
    (C) a knife and a spoon
    (D) a fork and chopsticks
해석 테이블 위에 포크와 칼이 있다.
    (A) 포크와 칼

    (B) 포크와 숟가락
    (C) 칼과 숟가락
    (D) 포크와 젓가락
풀이 포크와 칼 그림이므로 답은 (A)이다.
Words and Phrases chopstick 젓가락 knife 칼

9. This is _____.
    (A) a circle
    (B) a square
    (C) a triangle
    (D) a rectangle
해석 이것은 원이다.
    (A) 원
    (B) 정사각형
    (C) 삼각형
    (D) 직사각형
풀이 그림의 야구공은 원 모양이므로 답은 (A)이다.
Words and Phrases square 정사각형 rectangle 직사각형

10. They're _____.
    (A) trees
    (B) fruits
    (C) flowers
    (D) vegetables
해석 그것들은 야채이다.
    (A) 나무
    (B) 과일
    (C) 꽃
    (D) 야채
풀이 야채 그림이므로 답은 (D)이다.
Words and Phrases vegetable 야채

Part C. Reading and Retelling (p.55)

[11-12]

Safety Rules
1. Warm up before going into the water.
2. Do not run.
3. Wear goggles and a hat.
4. Take a break every 30 minutes.

11. Where most likely can you see this notice?
    (A) in a classroom
    (B) in a clothing store
    (C) in a movie theater
    (D) in a swimming pool

12. What do you need to do before going into the water?
(A) run
(B) warm up
(C) wear shoes
(D) take a break

해석

안전 규칙

1. 물 안으로 들어가기 전에 준비 운동을 하세요.
2. 뛰지 마세요.
3. 고글과 모자를 쓰세요.
4. 30분마다 휴식을 취하세요.

11. 이 공고는 어디에서 볼 수 있을 것 같습니까?
(A) 교실 안에서
(B) 옷 가게에서
(C) 영화관에서
(D) 수영장에서

12. 물 안에 들어가기 전에 무엇을 해야합니까?
(A) 달리기
(B) 준비 운동 하기
(C) 신발 신기
(D) 휴식 취하기

풀이 물에 들어가기 전과 고글, 모자가 언급된 것으로 보아 수영장의 규칙임을 짐작할 수 있다. 그러므로 11번은 (D)가 정답이다. 물 안에 들어가기 전 준비 운동을 하라고 했으므로 12번은 (B)가 정답이다.

Words and Phrases safety 안전 rule 규칙 warm up 준비운동 하다 goggles 고글 take a break 휴식을 취하다

[13-14]

Vivian's Schedule

MAY

Sun	Mon	Tue	Wed	Thu	Fri	Sat
4	5 Children's Day (no class)	6	7 Buy parents' gift	8 Parents' Day	9	10 Jenny's Birthday
11 Visit cousins	12 Buddha's Birthday (no class)	13	14 Write a letter to teacher	15 Teacher's Day	16	17

13. When does Vivian NOT go to school?
(A) on the 5th
(B) on the 7th
(C) on the 8th
(D) on the 14th

14. What is Vivian going to do on May 14th?
(A) visit her cousins
(B) buy her parents gifts
(C) go to a birthday party
(D) write a letter to her teacher

해석

Vivian's의 일정
5월
5일 – 어린이날 (수업 없음)
7일 – 부모님 선물 사기
8일 – 어버이날
10일 – Jenny의 생일
11일 – 사촌들 방문하기
12일 – 석가탄신일 (수업 없음)
14일 – 선생님께 편지 쓰기
15일 – 스승의 날

13. Vivian은 언제 학교에 가지 않습니까?
(A) 5일에
(B) 7일에
(C) 8일에
(D) 14일에

14. Vivian은 5월 14일에 무엇을 할 것입니까?
(A) 사촌 방문한다
(B) 부모님 선물을 산다
(C) 생일 파티에 간다
(D) 선생님께 편지를 쓴다

풀이 어린이날은 수업이 없다고 했으므로 13번의 답은 (A)이다. 14일에는 선생님께 편지를 쓴다고 했으므로 14번의 답은 (D)이다.

Words and Phrases cousin 사촌 parents 부모님 letter 편지

[15-16]

15. How much is it for 2 people??
(A) $5
(B) $9
(C) $16
(D) $22

16. Who eats for free?
   (A) family of 4
   (B) family of 5
   (C) kids under 4
   (D) kids under 5

해석

양껏 먹을 수 있습니다

1명	$5
2명	$9
가족 ... 4	$16
... 5	$22
5살 미만의 어린이들	무료

---

15. 2명은 얼마입니까?
(A) $5
(B) $9
(C) $16
(D) $22

16. 누가 무료로 먹습니까?
(A) 4명의 가족
(B) 5명의 가족
(C) 4살 미만의 어린이들
(D) 5살 미만의 어린이들

풀이 2명의 가격은 $9로 나와있으므로 15번은 (B)가 정답이다. 5살 미만의 어린이들은 무료로 먹는다고 나와있으므로 16번은 (D)가 정답이다.

[17-18]
I have a pet dog. His name is Loha. He loves to play with a ball. When I go outside, he comes out too and chase the ball. He is a fast runner. It's fun to play with Loha.

17. What pet does the writer have?
   (A) a cat
   (B) a dog
   (C) a turtle
   (D) a rabbit

18. What does Loha do with the ball?
   (A) eat it
   (B) kick it
   (C) chase it
   (D) throw it

해석 나는 애완 개가 있다. 그의 이름은 Loha이다. 그는 공을 가지고 노는 것을 좋아한다. 내가 밖에 나갈 때, 그도 같이 나와서 공을 쫓는다. 그는 달리기가 빠르다. Loha와 노는 것은 즐겁다.

17. 글쓴이는 어떤 애완동물을 가지고 있습니까?
(A) 고양이
(B) 개
(C) 거북이
(D) 토끼

18. Loha는 공으로 무엇을 합니까?
(A) 먹기
(B) 발로 차기
(C) 쫓기
(D) 던지기

풀이 글쓴이는 애완 개를 가지고 있다고 했으므로 17번은 (B)가 정답이다. Loha는 공을 쫓는다고 했으므로 18번은 (C)가 정답이다.
Words and Phrases pet 애완동물, 애완의 outside 밖으로 chase 쫓다

[19-20]
I go shopping with my mom and brother Jack. I get a yellow shirt. Jack buys a pair of jeans. Mom wants a brown jacket, but it is too expensive. So she buys nothing.

19. What are they doing?
   (A) eating food
   (B) going fishing
   (C) playing tennis
   (D) buying clothes

20. Who does NOT get new clothes?
   (A) the writer
   (B) Mom
   (C) Jack
   (D) everyone gets new clothes

해석 나는 엄마와 남동생 Jack과 쇼핑을 간다. 나는 노란색 셔츠를 산다. Jack은 청바지 한 벌을 산다. 엄마는 갈색 재킷을 원하지만, 그것은 너무 비싸다. 그래서 그녀는 아무것도 사지 않는다.

19. 그들은 무엇을 하고 있습니까?
(A) 음식을 먹는다
(B) 낚시를 한다
(C) 테니스를 친다
(D) 옷을 산다

20. 새로운 옷을 사지 않는 사람은 누구입니까?
(A) 나
(B) 엄마
(C) Jack
(D) 모두가 새 옷을 산다

풀이 나는 엄마와 Jack과 쇼핑을 갔으므로 19번의 답은 (D)이다.
엄마는 비싸서 재킷을 못 샀으므로 20번의 답은 (B)이다.
Words and Phrases expensive 비싼 clothes 옷, 의복 jeans 청바지
jacket 재킷, 상의

TOSEL STARTER

실전 4회

SECTION I LISTENING AND SPEAKING

Part A. Listen and Recognize (p.62)

1. Girl: There are three cups.
   (C)
해석 소녀: 컵이 세 개 있다.
풀이 컵 3개가 있는 그림 (C)가 정답이다.

2. Boy: It's 3 o'clock.
   (B)
해석 소년: 3시이다.
풀이 3시를 가리키는 그림 (B)가 정답이다.

3. Girl: I want to eat spaghetti.
   (B)
해석 소녀: 나는 스파게티를 먹고 싶다.
풀이 스파게티 그림 (B)가 정답이다.

4. Boy: It's snowing.
   (A)
해석 소년: 눈이 온다.
풀이 눈이 온다고 했으므로 답은 (A)이다.

5. Girl: The girl is playing the piano.
   (B)
해석 소녀: 소녀가 피아노를 치고 있다.
풀이 피아노를 치고 있다고 했으므로 답은 (B)이다.

Part B. Listen and Respond (p.64)

6. Boy: How much is it?
   Girl: _____
      (A) It takes forever.
      (B) It's four dollars.
      (C) It's five o'clock.
해석 소년: 얼마니?
   소녀: _____
      (A) 오래 걸린다.
      (B) 4달러야.
      (C) 5시야.
풀이 가격을 물었으므로 답은 (B)이다.

7. Boy: What day is it today?
   Girl: _____
      (A) I'm sorry.
      (B) It's Wednesday.
      (C) I like it very much.
해석 소년: 오늘 무슨 요일이야?
   소녀: _____
      (A) 미안해.
      (B) 수요일이야.
      (C) 나는 그것을 매우 좋아해.
풀이 요일을 물었으므로 답은 (B)이다.

8. Girl: Happy New Year!
   Boy: _____
      (A) Same to you!
      (B) I can't sing.
      (C) I'm hungry.
해석 소녀: 새해 복 많이 받아!
   소년: _____
      (A) 너도!
      (B) 나는 노래할 수 없어.
      (C) 나는 배가 고파.
풀이 신년 인사에 대한 적절한 대답은 (A)이다.

9. Boy: Do you like this book?
   Girl: _____
      (A) Yes, I can.
      (B) No, don't do that.
      (C) Yes, I do a lot.
해석 소년: 이 책을 좋아하니?
   소녀: _____
      (A) 응, 할 수 있어.
      (B) 아니, 하지마.
      (C) 응, 많이 좋아해.
풀이 책을 좋아하는지 묻는 질문에 적절한 대답은 (C)이다.

10. Girl: Where is your mother?

Boy: _____
  (A) She isn't my mom.
  (B) She is in the kitchen.
  (C) My mother is a teacher.

해석 소녀: 너희 엄마 어디 계셔?
  소년: _____
  (A) 그녀는 나의 엄마가 아니야.
  (B) 그녀는 부엌에 있어.
  (C) 나의 엄마는 선생님이야.
풀이 엄마의 위치를 묻고 있으므로 적절한 대답은 (B)이다.

Part C. Listen and Retell (p.65)

11. Boy: Let's go to the playground!
  Girl: Sorry. I have to do homework first.
  Question: What does the girl have to do?
  (B)
해석 소년: 우리 놀이터에 가자!
  소녀: 미안해. 나는 숙제를 먼저 해야 해.
  질문: 소녀는 무엇을 해야 합니까?
풀이 소녀는 숙제를 해야 한다고 했으므로 답은 (B)이다.
Words and Phrases   playground 놀이터

12. Girl: May I take your order?
  Boy: I would like french fries and a coke.
  Question: Where is the boy?
  (C)
해석 소녀 : 주문하시겠어요?
  소년 : 감자튀김이랑 콜라 주세요.
  질문: 소년은 어디에 있습니까?
풀이 소년은 패스트푸드를 주문하고 있으므로 답은 (C)이다.
Words and Phrases   french fries 감자튀김 order 주문, 주문하다

13. Boy: What do you want to be?
  Girl: I want to be a policewoman.
  Question: What does the girl want to be?
  (C)
해석 소년: 너는 무엇이 되고 싶니?
  소녀: 경찰관이 되고 싶어.
  질문: 소녀는 무엇이 되고 싶어 합니까?
풀이 소녀는 경찰관이 되고 싶다고 했으므로 답은 (C)이다.

14. Girl: Where are you going after class?
  Boy: I'm going to the hospital.
  Question: Where will the boy go?
  (A)
해석 소녀: 수업 후에 어디 가?
  소년: 나는 병원에 갈 거야.
  질문: 소년은 어디에 갈 것입니까?
풀이 병원에 간다고 했으므로 답은 (A)이다.

15. Boy: Who's your father?
  Girl: He's wearing a blue shirt.
  Question: Who is the girl's father?
  (A)
해석 소년: 아버지가 누구니?
  소녀: 그는 파란 셔츠를 입고 있어.
  질문: 소녀의 아버지는 누구입니까?
풀이 아버지는 파란 셔츠를 입고 있다고 했으므로 답은 (A)이다.

16. Girl: My grandmother loves her garden. There are many beautiful plants and flowers. My grandmother grows tulips, lilies, and roses. She waters them every day.
  Question: What kind of flower is NOT in the garden?
  (A) tulips
  (B) roses
  (C) daisies
해석 소녀: 우리 할머니는 그녀의 정원을 사랑하신다. 많은 예쁜 식물과 꽃들이 있다. 우리 할머니는 튤립, 백합, 장미를 기르신다. 그녀는 매일 물을 준다.
  질문: 어떤 종류의 꽃이 정원에 없습니까?
  (A) 튤립
  (B) 장미
  (C) 데이지
풀이 정원에는 튤립, 백합, 장미가 있으므로 답은 (C)이다.
Words and Phrases   beautiful 아름다운 water 물을 주다

17. Girl: I have a pet dog named Pinky. She is three years old. Every day I play with Pinky. We even sleep in the same bed. We are best friends.
  Question: How old is Pinky?
  (A) 2 years old
  (B) 3 years old
  (C) 4 years old
해석 소녀: 나는 Pinky라는 애완견이 있다. 그녀는 3살이다. 매일 나는 Pinky와 논다. 우리는 심지어 같은 침대에서 잔다. 우리는 가장 친한 친구다.
  질문: Pinky는 몇 살입니까?
  (A) 2살
  (B) 3살
  (C) 4살
풀이 개는 3살이라고 했으므로 답은 (B)이다.

18. Boy: Today is my grandfather's birthday. My family and I go to my grandfather's house. My mother makes a delicious cake, and I give him a birthday card that I wrote.
  Question: Who makes a delicious cake?
  (A) the mother
  (B) the grandmother
  (C) the boy
해석 소년: 오늘은 우리 할아버지의 생신이다. 우리 가족과 나는 할아버지 댁으로 간다. 우리 엄마는 맛있는 케이크를 만들고, 나는 그에게 내가 쓴 생일 카드를 드린다.

질문: 맛있는 케이크는 누가 만듭니까?

(A) 엄마

(B) 할머니

(C) 소년

풀이 엄마가 맛있는 케이크를 만든다고 했으므로 답은 (A)이다.

Words and Phrases delicious 맛있는

19. Girl: I have a big bed in my room. I also have a big toy box. My friends and I like to play with all my toys on my big bed.

Question: What is NOT in the girl's bedroom?

(A) a bed

(B) a chair

(C) a toy box

해석 소녀: 나는 내 방에 큰 침대가 있다. 나는 또한 큰 장난감 상자가 있다. 내 친구들과 나는 내 큰 침대에서 모든 장난감을 가지고 노는 것을 좋아한다.

질문: 소녀의 침실에 있지 않은 것은 무엇입니까?

(A) 침대

(B) 의자

(C) 장난감 상자

풀이 방에는 침대와 장난감 상자가 있다고 했으므로 답은 (B)이다.

20. Boy: My classmate Megan is very pretty. She has long black hair. She is always very nice to other students. Megan is the most popular girl in my school.

Question: What is true about Megan?

(A) Nobody likes Megan.

(B) Megan has black hair.

(C) Megan is very mean.

해석 소년: 내 반 친구 Megan은 매우 예쁘다. 그녀는 긴 검정색 머리를 가지고 있다. 그녀는 항상 다른 학생들에게 매우 친절하다. Megan은 우리 학교에서 가장 인기있는 소녀이다.

질문: Megan에 대한 사실은 무엇입니까?

(A) 아무도 Megan을 좋아하지 않는다.

(B) Megan은 검정 머리를 가지고 있다.

(C) Megan은 매우 나쁘다.

풀이 Megan은 긴 검정색 머리를 가지고 있고 친절하다고 했으므로 답은 (B)이다.

Words and Phrases popular 인기있는 mean 나쁜

Part A. Sentence Completion (p.69)

1. Every morning I _____ jogging.

(A) go

(B) going

(C) goes

(D) to go

해석 나는 매일 아침에 조깅을 한다.

(A) 가다 (1·2인칭 단·복수형, 3인칭 복수형)

(B) 가는

(C) 가다 (3인칭 단수형)

(D) 가기 위해

풀이 주어가 1인칭인 'I'이므로 (A)가 정답이다.

2. _____ time is it now?

(A) Who

(B) What

(C) When

(D) Where

해석 지금 몇 시야?

(A) 누구

(B) 무엇

(C) 언제

(D) 어디

풀이 시간을 묻는 말은 "What time is it?"이므로 답은 (B)이다.

3. _____ baby looks happy.

(A) They

(B) Them

(C) Their

(D) Theirs

해석 그들의 아기는 행복해 보인다.

(A) 그들은

(B) 그들을

(C) 그들의

(D) 그들의 것

풀이 'baby'를 꾸며주는 소유격 'Their'이 쓰여야 적절하므로 (C)가 정답이다.

4. _____ are in the classroom.

(A) I

(B) It

(C) She

(D) They

해석 그들은 교실에 있다.

(A) 나

(B) 그것

(C) 그녀

(D) 그들

풀이 빈칸 뒤의 동사가 are이므로 주어는 'You' 또는 복수형이 와야 한다. 따라서 보기 중 가장 알맞은 답은 (D)이다.

5. I buy flowers _____ you.
   (A) to
   (B) in
   (C) at
   (D) for
해석 나는 너를 위해 꽃을 사.
   (A) ~에게
   (B) ~안에
   (C) ~에
   (D) ~를 위해서
풀이 동사 buy는 전치사 for와 쓰므로 답은 (D)이다.

Part B. Situational Writing (p.70)

6. The girl wears _____ hairpins.
   (A) one
   (B) two
   (C) three
   (D) four
해석 소녀는 머리핀 3개를 착용하고 있다.
   (A) 1
   (B) 2
   (C) 3
   (D) 4
풀이 소녀는 머리핀 3개를 착용하고 있으므로 답은 (C)이다.

7. He goes to school _____.
   (A) by bus
   (B) by taxi
   (C) on foot
   (D) by subway
해석 그는 버스를 타고 학교에 간다.
   (A) 버스로
   (B) 택시로
   (C) 걸어서
   (D) 지하철로
풀이 소년이 버스에 올라타고 있으므로 답은 (A)이다.

8. The boy can _____ the guitar.
   (A) make
   (B) play
   (C) draw
   (D) buy
해석 소년은 기타를 칠 수 있다.
   (A) 만들다
   (B) 연주하다
   (C) 그리다

   (D) 사다
풀이 소년은 기타를 연주하고 있으므로 답은 (B)이다.

9. The students are in _____ class.
   (A) art
   (B) math
   (C) English
   (D) science
해석 학생들은 과학 수업 중이다.
   (A) 미술
   (B) 수학
   (C) 영어
   (D) 과학
풀이 그림에서 학생들이 과학실험을 하고 있으므로 답은 (D)이다.
Words and Phrases science 과학

10. The kids are looking at the _____.
   (A) Sun
   (B) tree
   (C) stars
   (D) clouds
해석 아이들은 별을 보고 있다.
   (A) 태양
   (B) 나무
   (C) 별
   (D) 구름
풀이 아이들은 별을 보고 있으므로 답은 (C)이다.

Part C. Reading and Retelling (p.72)

[11-12]

Santa's Christmas Presents to Children

Name	Present	Name	Present
Jessica	mittens	Daniel	socks
Lucy	doll	Harry	toy car

11. Who gets a doll?
   (A) Jessica
   (B) Lucy
   (C) Daniel
   (D) Harry

12. What does Jessica receive?
   (A) mittens

(B) a doll
(C) socks
(D) a toy car

해석

산타가 아이들에게 줄 크리스마스 선물			
이름	선물	이름	선물
Jessica	장갑	Daniel	양말
Lucy	인형	Harry	장난감 자동차

11. 누가 인형을 받습니까?

(A) Jessica

(B) Lucy

(C) Daniel

(D) Harry

12. Jessica는 무엇을 받습니까?

(A) 장갑

(B) 인형

(C) 양말

(D) 장난감 자동차

풀이 Lucy가 인형을 받을 것이므로 11번의 답은 (B)이다. Jessica는 장갑을 받을 것이므로 12번의 답은 (A)이다.

Words and Phrases mitten 장갑

[13-14]

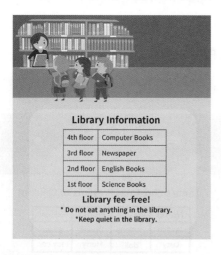

13. Where are the computer books?

(A) 1st floor

(B) 2nd floor

(C) 3rd floor

(D) 4th floor

14. How much is the library fee?

(A) $0.00

(B) $1.00

(C) $2.00

(D) $3.00

해석

도서관 정보	
4층	컴퓨터 책
3층	신문
2층	영어 책
1층	과학 책

도서관 이용료 – 무료!
*도서관에서 아무것도 먹지 마세요.
*도서관에서 조용히 하세요.

13. 컴퓨터 책은 어디에 있습니까?

(A) 1층

(B) 2층

(C) 3층

(D) 4층

14. 도서관 이용료는 얼마입니까?

(A) 0달러

(B) 1달러

(C) 2달러

(D) 3달러

풀이 컴퓨터 책은 4층에 있으므로 13번의 답은 (D)이다. 도서관 이용료가 무료라고 했으므로 14번의 답은 (A)이다.

Words and Phrases fee 이용료

[15-16]

	Father	Mother	Sister
Birthday	April 4th	May 5th	June 6th
Job	Doctor	Chef	Student

15. What does the mother do?

(A) She's a doctor.

(B) She's a teacher.

(C) She's a cook.

(D) She's a student.

16. When does Sally's sister have her birthday?

(A) April 4th

(B) May 5th

(C) June 6th

(D) July 7th

Sally네 가족

	아버지	어머니	여동생
생일	4월 4일	5월 5일	6월 6일
직업	의사	요리사	학생

15. 엄마는 무엇을 합니까?
(A) 그녀는 의사다.
(B) 그녀는 교사다.
(C) 그녀는 요리사다.
(D) 그녀는 학생이다.

16. Sally의 여동생은 생일이 언제입니까?
(A) 4월 4일
(B) 5월 5일
(C) 6월 6일
(D) 7월 7일

풀이 엄마는 요리사라고 했으므로 15번의 답은 (C)이다. 여동생은 생일이 6월 6일이라고 했으므로 16번의 답은 (C)이다.

[17-18]

Sara goes to camp during winter vacation. The camp is from December 27th to December 30th. There are many programs for students. She takes a ski class, a cooking class, and a climbing class. Sara makes lots of new friends.

17. What is NOT in the camp program?
(A) ski class
(B) dance class
(C) cooking class
(D) climbing class

18. When does the camp start?
(A) December 7th
(B) December 17th
(C) December 27th
(D) December 30th

해석 Sara는 겨울 방학동안 캠프에 간다. 캠프는 12월 27일부터 30일이다. 학생들을 위한 많은 프로그램이 있다. 그녀는 스키 수업, 요리 수업, 등반 수업을 듣는다. Sara는 많은 새로운 친구들을 사귄다.

17. 캠프 프로그램에 없는 것은 무엇입니까?
(A) 스키 수업
(B) 춤 수업
(C) 요리 수업
(D) 등반 수업

18. 캠프는 언제 시작합니까?
(A) 12월 7일
(B) 12월 17일
(C) 12월 27일
(D) 12월 30일

풀이 스키, 요리, 등반 수업이 있으므로 17번의 답은 (B)이다. 캠프는 27일부터 30일까지이므로 18번의 답은 (C)이다.

[19-20]

Emma's family goes to the zoo. They see lions, bears, and giraffes. Emma likes the bears. She takes some pictures in front of a brown bear and a black bear. Emma and the two bears smile big for the camera.

19. What animals does Emma like?
(A) the lions
(B) the bears
(C) the tigers
(D) the giraffes

20. What does Emma do in front of the bears?
(A) draw some pictures
(B) eat some fruit
(C) take some pictures
(D) buy some ice cream

해석 Emma네 가족은 동물원에 간다. 그들은 사자, 곰, 기린을 본다. Emma는 곰을 좋아한다. 그녀는 갈색 곰과 검정색 곰 앞에서 사진을 찍는다. Emma와 두 곰은 카메라를 위해 크게 미소를 짓는다.

19. Emma는 어떤 동물을 좋아합니까?
(A) 사자
(B) 곰
(C) 호랑이
(D) 기린

20. Emma는 곰 앞에서 무엇을 합니까?
(A) 그림을 그린다
(B) 과일을 먹는다
(C) 사진을 찍는다
(D) 아이스크림을 산다

풀이 Emma는 곰을 좋아한다고 했으므로 19번의 답은 (B)이다. Emma는 곰 앞에서 사진을 찍는다고 했으므로 20번의 답은 (C)이다.

Words and Phrases giraffe 기린

TOSEL STARTER

실전 5회

SECTION I LISTENING AND SPEAKING

Part A. Listen and Recognize (p.79)

1. Girl: I want black shoes.
    (A)
해석 소녀: 나는 검정색 신발을 원해.
풀이 검정색 신발 그림 (A)가 정답이다.

2. Boy: It's five thirty.
    (B)
해석 소년: 5시 30분이야.
풀이 5시 30분을 가리키는 그림 (B)가 정답이다.

3. Girl: There are two flowers in a vase.
    (B)
해석 소녀: 꽃병 안에 꽃 2개가 있다.
풀이 꽃 2개 그림 (B)가 정답이다.
Words and Phrases vase 꽃병

4. Girl: I feel sleepy.
    (C)
해석 소녀: 나는 졸리다.
풀이 소녀가 하품하고 있는 그림 (C)가 정답이다.

5. Boy: The boy is writing a letter.
    (B)
해석 소년: 소년은 편지를 쓰고있다.
풀이 소년이 편지를 쓰는 그림 (B)가 정답이다.

Part B. Listen and Respond (p.81)

6. Boy: Do you have a basketball?
    Girl: _____
    (A) Yes, I do.
    (B) No, it isn't.
    (C) No, thank you.
해석 소년: 농구공 있니?
    소녀: _____
        (A) 응, 있어.
        (B) 아니, 그것은 아니야.
        (C) 아니, 괜찮아.
풀이 농구공이 있는지 소년이 물었으므로 적절한 대답은 (A)이다.

7. Girl: Where is the candy?
    Boy: _____
    (A) I can do it.
    (B) It tastes good.
    (C) It's on the table.
해석 소녀: 사탕 어디있어?
    소년: _____
        (A) 나는 할 수 있어.
        (B) 맛있다.
        (C) 테이블 위에 있어.
풀이 사탕의 위치를 묻고 있으므로 적절한 대답은 (C)이다.

8. Boy: How old is your sister?
    Girl: _____
    (A) She's pretty.
    (B) She's ten years old.
    (C) I'm eight years old.
해석 소년: 네 여동생은 몇 살이니?
    소녀: _____
        (A) 그녀는 예뻐.
        (B) 그녀는 10살이야.
        (C) 나는 8살이야.
풀이 여동생의 나이를 물었으므로 적절한 대답은 (B)이다.

9. Girl: What is your favorite color?
    Boy: _____
    (A) I'm hungry.
    (B) I like your shirt.
    (C) My favorite is pink.
해석 소녀: 네가 가장 좋아하는 색은 무엇이니?
    소년: _____
        (A) 나는 배고파.
        (B) 네 셔츠 괜찮다.
        (C) 나는 분홍색을 가장 좋아해.
풀이 가장 좋아하는 색을 물었으므로 적절한 대답은 (C)이다.
Words and Phrases favorite 가장 좋아하는

10. Boy: When is your birthday?

Girl: _____

(A) Happy Birthday!

(B) Thank you very much.

(C) It's in April.

해석 소년: 네 생일 언제야?

소녀: _____

(A) 생일 축하해!

(B) 정말 고마워.

(C) 4월이야.

풀이 생일이 언제인지 물었으므로 적절한 대답은 (C)이다.

Part C. Listen and Retell (p.82)

11. Boy: I like English class.

Girl: I like art class.

Question: What class does the girl like?

(A)

해석 소년: 나는 영어 수업이 좋아.

소녀: 나는 미술 수업이 좋아.

질문: 소녀가 좋아하는 수업은 무엇입니까?

풀이 소녀는 미술 수업을 좋아한다고 했으므로 답은 (A)이다.

12. Boy: Is your father a taxi driver?

Girl: Yes, he is.

Question: Who is the girl's father?

(C)

해석 소년: 너희 아버지는 택시 운전사시니?

소녀: 응, 맞아.

질문: 소녀의 아버지는 누구입니까?

풀이 소녀의 아버지는 택시 운전사라고 했으므로 답은 (C)이다.

13. Boy: Where are you, Sophia?

Girl: I'm in the kitchen.

Question: Where is the girl?

(A)

해석 소년: 소피아, 어디에 있어?

소녀: 나는 부엌에 있어.

질문: 소녀는 어디에 있습니까?

풀이 소녀는 부엌에 있다고 했으므로 답은 (A)이다.

14. Boy: I'm hungry. Let's get some food.

Girl: Okay. Let's go!

Question: What do they want?

(B)

해석 소년: 나 배고파. 뭐 좀 먹자.

소녀: 그래, 가자!

질문: 그들은 무엇을 원합니까?

풀이 소년이 배가 고프므로 뭘 좀 먹자고 했고, 소녀도 좋다고 했으므로 답은 (B)이다.

15. Girl: I'll take this pen. How much is it?

Boy: It's two dollars.

Question: How much is the pen?

(B)

해석 소녀: 이 펜을 살게요. 얼마예요?

소년: 2달러입니다.

질문: 펜은 얼마입니까?

풀이 펜은 2달러라고 했으므로 답은 (B)이다.

16. Girl: I'm at the shopping mall. First, I buy a flower for my friend. Next, I buy a doll for my sister. Last, I buy a toy for me.

Question: What does the girl buy second?

(A) a toy

(B) a doll

(C) a flower

해석 소녀: 나는 쇼핑몰에 있다. 먼저, 나는 친구를 위해 꽃을 산다. 다음, 나는 여동생을 위해 인형을 산다. 마지막으로, 나는 나를 위해서 장난감을 산다.

질문: 소녀는 두 번째로 무엇을 삽니까?

(A) 장난감

(B) 인형

(C) 꽃

풀이 소녀는 두 번째로 인형을 사므로 답은 (B)이다.

Words and Phrases shopping mall 쇼핑몰

17. Girl: We grow tomatoes in the garden. My whole family likes tomatoes. Dad likes tomato juice. Mom likes tomato sandwiches, and I like tomato salad. Tomatoes are yummy and juicy.

Question: What does the girl like the most?

(A) tomato salad

(B) tomato juice

(C) tomato sandwich

해석 소녀: 우리는 정원에 토마토를 키운다. 가족 모두는 토마토를 좋아한다. 아빠는 토마토 주스를 좋아한다. 엄마는 토마토 샌드위치를 좋아한다. 그리고 나는 토마토 샐러드를 좋아한다. 토마토는 맛이 있고 즙이 많다.

질문: 소녀는 무엇을 가장 좋아합니까?

(A) 토마토 샐러드

(B) 토마토 주스

(C) 토마토 샌드위치

풀이 소녀는 토마토 샐러드를 좋아한다고 했으므로 답은 (A)이다.

Words and Phrases whole 전체 yummy 맛이 있는 juicy 즙이 많은

18. Boy: Tony and I like to do the same things. We sing together. We play catch. We even study together. Today, he comes to my house, and we study all night.

Question: Where will they study tonight?

(A) at Tony's house

(B) in the classroom

(C) at the boy's house

해석 소년: Tony와 나는 같은 것을 하는 것을 좋아한다. 우리는 같이 노래를 부른다. 우리는 캐치볼을 한다. 우리는 심지어 같이 공부한다. 오늘, 그는 우리 집에 오고, 우리는 밤새 공부한다.

질문: 그들은 오늘밤 어디에서 공부할 것입니까?

(A) Tony네 집에서

(B) 교실에서

(C) 소년의 집에서

풀이 소년의 집에서 공부한다고 했으므로 답은 (C)이다.

Words and Phrases catch 캐치볼

19. Girl: It's spring! I can see many spring flowers. They look beautiful. They are pink, white, yellow, and red. Butterflies are flying everywhere. Bees are working hard. I love spring.

Question: What are working hard?

(A) bees

(B) butterflies

(C) flowers

해석 소녀: 봄이다! 나는 많은 봄 꽃을 볼 수 있다. 그것들은 아름다워 보인다. 그것들은 분홍색, 흰색, 노란색, 빨간색이다. 나비는 모든 곳을 날아다닌다. 벌들은 열심히 일한다. 나는 봄을 좋아한다.

질문: 무엇이 열심히 일합니까?

(A) 벌

(B) 나비

(C) 꽃

풀이 벌이 열심히 일한다고 했으므로 답은 (A)이다.

Words and Phrases   hard 열심히

20. Boy: My dream is to be a good policeman. I want to catch bad people and help poor people. I want everyone to be safe and live happily.

Question: What does the boy want to be?

(A) a doctor

(B) a player

(C) a policeman

해석 소년: 내 꿈은 좋은 경찰관이 되는 것이다. 나는 나쁜 사람을 잡고 가난한 사람을 돕고 싶다. 나는 모두가 안전하고 행복하게 살았으면 좋겠다.

질문: 소년은 무엇이 되고 싶어합니까?

(A) 의사

(B) 선수

(C) 경찰관

풀이 소년은 경찰관이 되고 싶다고 했으므로 답은 (C)이다.

Words and Phrases   safe 안전한 poor 가난한

SECTION II READING AND WRITING

Part A. Sentence Completion (p.86)

1. Michael _____ soccer.

(A) play

(B) plays

(C) playing

(D) to play

해석 Michael은 축구를 한다.

(A) (게임, 놀이 등을)하다 (1 · 2인칭 단 · 복수형, 3인칭 복수형)

(B) (게임, 놀이 등을)하다 (3인칭 단수형)

(C) (게임, 놀이 등을)하는

(D) (게임, 놀이 등을)하기 위해

풀이 주어 뒤 동사가 나와야 적절하며, 주어인 'Michael'은 3인칭 단수이므로 답은 (B)이다.

2. Where _____ the teddy bear?

(A) is

(B) do

(C) are

(D) does

해석 곰인형은 어디에 있니?

(A) ~이다/있다 (3인칭 단수형)

(B) 하다

(C) ~이다/있다 (1인칭 복수형, 2인칭 단 · 복수형, 3인칭 복수형)

(D) 하다 (3인칭 단수형)

풀이 be동사는 '~에 있다'라는 의미가 있고, 'teddy bear'가 3인칭 단수이므로 빈칸에 가장 알맞은 답은 (A)이다.

Words and Phrases teddy bear 곰인형

3. _____ money do you have?

(A) How much

(B) How many

(C) What much

(D) What many

해석 너 돈 얼마 있니?

(A) 얼마나 많은 (양, 정도)

(B) 얼마나 많은 (수량)

(C) 어색한 표현

(D) 어색한 표현

풀이 'how much'와 'how many' 모두 '얼마나 많은'이라는 의미지만, 셀 수 없는 명사의 양을 나타낼 때는 'how much'를 써야하므로 가장 알맞은 답은 (A)이다.

4. My hobby is listening _____ music.

(A) by

(B) to

(C) over

(D) under

해석 내 취미는 음악을 듣는 것이다.
  (A) ~에 의해
  (B) ~로
  (C) ~위에
  (D) ~아래
풀이 동사 'listen'은 전치사 'to'와 함께 쓰이므로 답은 (B)이다.
Words and Phrases hobby 취미

5. The rabbit _____ long ears.
  (A) is
  (B) are
  (C) has
  (D) have
해석 토끼는 긴 귀를 가지고 있다.
  (A) 3인칭 단수형 be동사
  (B) 2인칭 단 · 복수형, 3인칭 복수형 be동사
  (C) 가지다 (3인칭 단수형)
  (D) 가지다 (1 · 2인칭 단 · 복수형)
풀이 토끼가 긴 귀를 가지고 있다고 표현하는 것이 적절하다. 'rabbit'은 3인칭 단수형이므로 (C)가 정답이다.

Part B. Situational Writing (p.87)

6. I live in the _____.
  (A) city
  (B) water
  (C) desert
  (D) countryside
해석 나는 도시에 산다.
  (A) 도시
  (B) 물
  (C) 사막
  (D) 시골
풀이 도시에 사는 그림이므로 답은 (A)이다.
Words and Phrases desert 사막 countryside 시골 지역, 전원 지대

7. There are _____ books on the shelf.
  (A) three
  (B) four
  (C) five
  (D) six
해석 선반 위에는 책이 5권 있다.
  (A) 3
  (B) 4
  (C) 5
  (D) 6
풀이 그림에서 선반 위에 있는 책은 5권이므로 답은 (C)이다.
Words and Phrases shelf 선반

8. The flowers are _____ the basket.

  (A) in
  (B) over
  (C) under
  (D) outside
해석 꽃이 바구니 안에 있다.
  (A) ~안에
  (B) ~위에
  (C) ~아래
  (D) ~밖에
풀이 꽃이 바구니 안에 있으므로 답은 (A)이다.
Words and Phrases outside 밖에

9. The boy is _____ the table.
  (A) setting
  (B) drawing
  (C) sitting on
  (D) writing on
해석 소년은 식탁을 차리고 있다.
  (A) 차리다
  (B) 그리다
  (C) ~에 앉다
  (D) ~에 쓰다
풀이 소년이 식탁을 차리는 그림이므로 답은 (A)이다.
Words and Phrases set the table 식탁을 차리다

10. He is _____.
  (A) late for school
  (B) buying a watch
  (C) waiting for a bus
  (D) busy with homework
해석 그는 학교에 늦었다.
  (A) 학교에 늦다
  (B) 시계를 사다
  (C) 버스를 기다리다
  (D) 숙제 때문에 바쁘다
풀이 소년이 학교에 늦어 서둘러 가고 있는 그림이므로 답은 (A)이다.

Part C. Reading and Retelling (p.89)

[11-12]

Breakfast Menu
Serving starts at 6:00 AM

Egg and Ham $3
Cheese Toast $4
Sausage $4
Onion Bagle $5

11. When does breakfast start?

    (A) 6:00 AM

    (B) 6:30 AM

    (C) 7:00 AM

    (D) 7:30 AM

12. How much is the cheese toast?

    (A) $3

    (B) $4

    (C) $5

    (D) $6

해석

아침 메뉴	
제공은 오전 6시에 시작합니다	
계란과 햄	$3
치즈 토스트	$4
소세지	$4
양파 베이글	$5

11. 아침 식사는 언제 시작합니까?

(A) 오전 6시

(B) 오전 6시 30분

(C) 오전 7시

(D) 오전 7시 30분

12. 치즈 토스트는 얼마입니까?

(A) $3

(B) $4

(C) $5

(D) $6

풀이 아침 식사 제공은 오전 6시에 시작한다고 나와있으므로 11번은 (A)가 정답이다. 치즈 토스트의 가격은 $4라고 나와있으므로 12번은 (B)가 정답이다.

[13-14]

13. When is the party?

    (A) May 1st

    (B) May 2nd

    (C) May 10th

    (D) May 20th

14. What do they NOT do at the party?

    (A) eat pizza

    (B) play games

    (C) take pictures

    (D) watch movies

해석

Hassan의 생일 파티	
어디?	Mojo의 식당
언제?	토요일, 5월 20일
무엇?	피자 먹기, 사진 찍기, 게임 하기

13. 파티는 언제입니까?

(A) 5월 1일

(B) 5월 2일

(C) 5월 10일

(D) 5월 20일

14. 그들은 파티에서 무엇을 하지 않습니까?

(A) 피자 먹기

(B) 게임 하기

(C) 사진 찍기

(D) 영화 보기

풀이 파티는 5월 20일 토요일이라고 나와있으므로 13번은 (D)가 정답이다. 파티에서는 피자 먹기, 사진 찍기, 게임 하기를 한다고 했으므로 14번은 (D)가 정답이다.

Words and Phrases take pictures 사진을 찍다

[15-16]

Check List
Come back from school
Hang up backpack
Wash hands
Do homework
Show homework to Mom

15. What does he do first?

    (A) eat a snack

    (B) wash his hands

    (C) hang up his backpack

    (D) finish his school work

16. Who does he show his schoolwork to?

    (A) his dad

    (B) his mom

(C) his brother

(D) his grandfather

해석

체크 리스트
– 학교에서 돌아오기
– 책가방 걸기
– 손 씻기
– 숙제 하기
– 엄마에게 숙제 보여드리기

15. 그는 맨 먼저 무엇을 합니까?

(A) 간식 먹기

(B) 손 닦기

(C) 가방 걸기

(D) 학교 과제 끝내기

16. 그는 학교 과제를 누구에게 보여줍니까?

(A) 아빠

(B) 엄마

(C) 남동생

(D) 할아버지

풀이 학교에서 돌아온 후 가방을 거는 것이 쓰여있으므로 15번의 답은 (C)이다. 그는 엄마에게 학교 과제를 보여드린다고 했으므로 16번의 답은 (B)이다.

Words and Phrases hang 걸다 backpack 책가방 show 보여주다

[17-18]

My name is Sally. I go jogging with my dad every day. Molly, our dog, runs after us. We run through the park. Then, we run along the river. The cool wind touches my face. It makes me smile.

17. Who goes jogging with Sally?

(A) her mother

(B) her father

(C) her sister

(D) her brother

18. What makes her smile?

(A) Molly

(B) the park

(C) the river

(D) the cool wind

해석 내 이름은 Sally이다. 나는 아빠와 매일 조깅을 한다. 우리 개 Molly는 우리 뒤를 따라 뛴다. 우리는 공원을 가로질러 뛴다. 그리고 우리는 강을 따라 뛴다. 시원한 바람이 내 얼굴을 건드린다. 그것은 날 웃게 만든다.

17. 누가 Sally와 함께 조깅을 합니까?

(A) 그녀의 어머니

(B) 그녀의 아버지

(C) 그녀의 여동생

(D) 그녀의 남동생

18. 무엇이 그녀를 미소짓게 합니까?

(A) Molly

(B) 공원

(C) 강

(D) 시원한 바람

풀이 Sally는 아빠와 조깅을 하므로 17번의 답은 (B)이다. 시원한 바람이 그녀를 미소짓게 하므로 18번의 답은 (D)이다.

Words and Phrases through ~를 통해, ~를 통과(관통)하여 cool 시원한

[19-20]

We will visit the famous Night Safari tonight. Night Safari is the world's first night zoo. We can ride a streetcar or walk through the zoo. Night Safari opens at 7:30 PM. We cannot wait to see it.

19. What is Night Safari?

(A) a zoo

(B) a house

(C) a theater

(D) a country

20. What time does Night Safari open?

(A) at 6:30 PM

(B) at 7:30 PM

(C) at 8:30 PM

(D) at midnight

해석 우리는 오늘밤 유명한 Night Safari를 방문할 것이다. Night Safari는 세계의 첫 번째 밤 동물원이다. 우리는 시내 전차를 타거나 동물원을 걸을 수 있다. Night Safari는 저녁 7:30에 연다. 우리는 그것을 보는 것이 기대된다.

19. Night Safari는 무엇입니까?

(A) 동물원

(B) 집

(C) 공연장

(D) 나라

20. Night Safari는 언제 엽니까?

(A) 6:30에

(B) 7:30에

(C) 8:30에

(D) 자정에

풀이 Night Safari는 동물원이라고 했으므로 19번의 답은 (A)이다. Night Safari는 저녁 7:30에 연다고 했으므로 20번의 답은 (B)이다.

Words and Phrases streetcar 시내 전차

memo

국제토셀위원회

TOSEL
실전문제집

STARTER